铁 路 货 车 科 普 培 训 教 材

铁路货车检修重点工艺与质量控制

黄　毅　陈　雷　编著
陈伯施　主审

中 国 铁 道 出 版 社

2011年·北 京

内 容 简 介

本书以铁路货车段修为主要阐述对象，分部位系统地阐述了铁路货车段修工作中的重点工艺和质量控制方法，较全面地介绍了铁路货车段修整车及零部件的分解、检查、检测、修理、组装的过程及要求，并按照质量管理体系要求重点阐述了铁路货车检修过程中的关键质量控制要素。

本书可供铁路货车检修、运用领域专业人员岗位培训使用，也可作为从事其他行业职工的科普读物。

图书在版编目(CIP)数据

铁路货车检修重点工艺与质量控制/黄毅，陈雷编著. —北京：中国铁道出版社，2011.12
铁路货车科普培训教材
ISBN 978-7-113-14086-1

Ⅰ.①铁…　Ⅱ.①黄…②陈…　Ⅲ.①铁路车辆：货车-段修-技术培训-教材　Ⅳ.①U279.3

中国版本图书馆 CIP 数据核字(2011)第 278468 号

铁路货车科普培训教材
书　　名：铁路货车检修重点工艺与质量控制
作　　者：黄　毅　陈　雷　编著

责任编辑：王明容　　**电话：**021-73138　　**电子邮箱：**tdpress@126.com
封面设计：冯龙彬
责任校对：王　杰
责任印制：陆　宁

出版发行：中国铁道出版社（100054，北京市西城区右安门西街 8 号）
网　　址：http://www.tdpress.com
印　　刷：北京精彩雅恒印刷有限公司
版　　次：2011 年 12 月第 1 版　2011 年 12 月第 1 次印刷
开　　本：787 mm×1 092 mm　1/16　印张：9.25　字数：161 千
书　　号：ISBN 978-7-113-14086-1
定　　价：38.00 元

前　言

铁路货车是铁路运输的重要技术装备，是完成铁路货运任务的物质基础。铁路货车技术状态的稳定性是保证铁路运输安全和运输秩序的关键。铁路货车段修工作是铁路货车技术管理体系的重要组成部分，以确保行车安全和为运输服务为方针，维护铁路货车的技术性能，消除存在的故障，调整各部技术状态，保持在下次相应修程之前性能良好，减少临修，提高车辆使用效率。

近年来，随着我国铁路货车装备现代化进程的进一步加快，铁路货车产品大量新技术、新工艺、新装备的广泛采用，在一定时期内存在多种技术并存的现象，为使现场人员及时了解、掌握和开展铁路货车检修工作，铁道部运输局车辆部组织编写了《铁路货车检修重点工艺与质量控制》一书。可以使铁路货车检修工作者更好地了解和掌握铁路货车检修技术，对铁路货车检修工作具有较强的指导作用，可以作为铁路货车检修系统干部、职工的学习资料。

本书以铁路货车段修为主要阐述对象，分部位系统地阐述了铁路货车段修工作中的重点工艺和质量控制方法，较全面地介绍了铁路货车段修整车及零部件的分解、检查、检测、修理、组装的过程及要求，并按照《质量管理体系要求》重点阐述了铁路货车检修过程的关键质量控制要素。

本书由铁道部运输局车辆部陈伯施主审，黄毅、陈雷编著。主要编写人员有：铁道部运输局车辆部余明贵、王春山、刘吉远、赵长波、周磊；呼和浩特铁路局安全质量监督管理办公室王刚、哈尔滨车辆段刘汉君、谭金波；苏家屯车辆段徐英龙、王允录；锦州车辆段董杰、孙泉；丰台车辆段冯焕强、尤正；湖东车辆段李锦慧；包西车辆段孙铁军、王少卿；成都东车辆段关键；西安东车辆段徐刚；郑州北车辆段孙国栋、李永纪；江岸车辆段陈延福；杭州北车辆段陈坚、许妙榅；南昌南车辆段姜海军；广州北车辆段廖志刚。

本书涉及面广、内容多，由于编写人员的能力、水平有限，难免存在不足之处，恳请广大读者批评指正。

编　者

目　录

第一章　铁路货车检修工艺过程综述

铁道车辆是铁路运输的重要装备，车辆技术状态的稳定性是保证铁路运输安全和运输秩序的关键。因此，铁路货车每运行到一定的时间或里程时要施行定期检修。定期检修质量影响铁路货车的运用性能及使用性能，定期检修的工艺过程与质量控制是决定铁路货车检修质量的关键要素。

第一节　工艺与质量的基本概念

一、铁路货车检修工艺

铁路货车检修时，对整车及零部件进行检修所采用的方法与过程称为“工艺”，如果单指某一零部件的工艺，有时也称为“工艺线”。制定铁路货车检修工艺时，应考虑以下要素。

1. 工艺方案

完成一个零部件的检修可能包含多种工艺方法，这些方法的总和就是工艺方案。铁路货车厂修时按照《铁路货车厂修规程》的要求，对铁路货车各部装置进行全面分解、检查和修理，并进行必要的技术改造，全面恢复铁路货车的基本性能，主要配件恢复原有性能，保持其应有的强度，以保证铁路货车在长期运用中技术状态良好。段修时按照《铁路货车段修规程》的要求，对部分零部件进行分解、检查和修理，消除存在的故障，调整各部技术状态，维护铁路货车的技术性能，保持在下次相应修程之前性能良好，减少临修，提高车辆使用效率。“规程”中对产品质量提出了最终要求，因此需要铁路货车检修单位将这些要求转化为技术文件，包括工艺规程、作业指导书、工艺卡片等，这些技术文件也是工艺方案的主要内容。一套完整的工艺方案应包含环境、人员、设施、设备、物料、流程、图样、量具、工具、方法、主要技术参数等诸多要素。

2. 工艺流程

铁路货车检修时，对于工作物需要按照一定的顺序流动，完成不同的工作内容，这个顺序就是工艺流程。这个顺序应该是最佳的、合理的、顺畅的，否则不能满足最终产品质量要求。工艺流程一般以图表进行表述，被称为“工艺流程图”，工序是构成工艺流程的基本单元，工步是完成工序的具体步骤。

(1)工序

是一个或一组工人在同一工作场地对同一个或同时对几个零部件所连续完成的那一部分工艺过程被称为工序，它是工艺流程中最基本的组成单位。简单地说，工序是完成工艺过程的顺序或过程单元，工序可以包含一个或多个工步。工序种类如下：

①按性质可分为工艺工序、检验工序、运输工序；

②按照层次可分为基本工序和辅助工序。基本工序就是直接使工作物发生物理或化学变化的工序；辅助工序就是为基本工序的活动提供条件的工序。

(2)工步

工步是完成某一工序过程的步骤，一般指工序过程的一个步进(动作)，也可是几个连续的步进(动作)。

3. 工艺装备

工艺装备简称"工装"，是指为实现工艺方案所需要的各种设备、工具、量具的总称；工艺装备可分为通用和专用两种。使用工艺装备的目的有以下几个方面：

(1)完成铁路货车检修所必备的；

(2)为了保证加工的质量；

(3)为了提高劳动生产率；

(4)为了改善工作条件。

4. 原材料

原材料包括材料、零部件和辅助材料。对于重要原材料的采购施行市场准入制度，重要的零部件应为具有相应资质的厂家产品。

5. 人员需求

铁路货车检修涉及多工种作业，需要经过培训取得上岗合格证后上岗作业；对于特殊工种，实行资格证制度。

二、铁路货车检修质量

铁路货车检修质量包括内在质量、外观质量和服务质量三部分。

1. 内在质量

对于任何一种产品质量来说，产品的内在质量是指产品的内在属性，包括性能、寿命、可靠性、安全性、经济性五个方面。铁路货车检修的质量目标一是要确保铁路货车的安全性能，二是要满足铁路货车的使用性能，三是要维护铁路货车的技术性能以达到预期的使用寿命和检修周期。

2. 外观质量

外观质量指铁路货车的外部属性,即外观的规范性;包括油漆、标记、钢结构的平整度和其他外观质量。

3. 服务质量

服务质量是铁路货车经过检修投入使用后,检修单位对铁路货车检修质量的跟踪并开展自我质量评价,对故障反馈信息的处理过程。

内在质量与外观质量特性比较,内在质量是主要的、基本的,只有在保证内在质量特性的前提下,外观质量才有意义。而对于服务质量,它是无形的产品质量,影响货车检修单位的信誉度,因此近年来被更加重视。

三、铁路货车检修质量控制

质量控制是铁路货车检修质量管理的一部分,是致力于满足质量要求的一系列相关活动。质量控制包括采取的工艺技术和管理活动。工艺技术是决定产品质量的必要条件,但并不是具备相关工艺技术能力都能产生合格的质量,还必须通过科学的管理,来组织和协调工艺技术活动的过程。因此,质量控制的关键是质量控制管理文件的建立与实施。

第二节　铁路货车检修工艺过程

铁路货车检修应在具有检修资质的单位进行,检修的对象为在铁路运营线上使用的国有铁路货车和企业自备铁路货车。检修过程主要包括分解、检查、修理、组装、试验等主要工序。货车检修应依据《铁路货车厂修规程》、《铁路货车段修规程》、《铁路货车站修规程》、《铁路货车轮轴组装、检修及管理规则》和《铁路货车制动装置检修规则》等行业标准进行修理。从过程上分类,铁路货车检修的工艺过程分为分解、检查、修理、组装四个过程。

一、分　　解

分解是将铁路货车整车拆分成若干个零部件,拆分成便于检查及修理的最小单元,分解是铁路货车检修的基础工序。铁路货车检修时,首先按照车体、转向架、制动装置、车钩缓冲装置等四部分进行分解,每个部位进入不同的检修间检修,如图 1-1 所示。

由于铁路货车各级修程的工作任务不同,因此各级修程零部件分解范围与分解程度也存在较大差异。

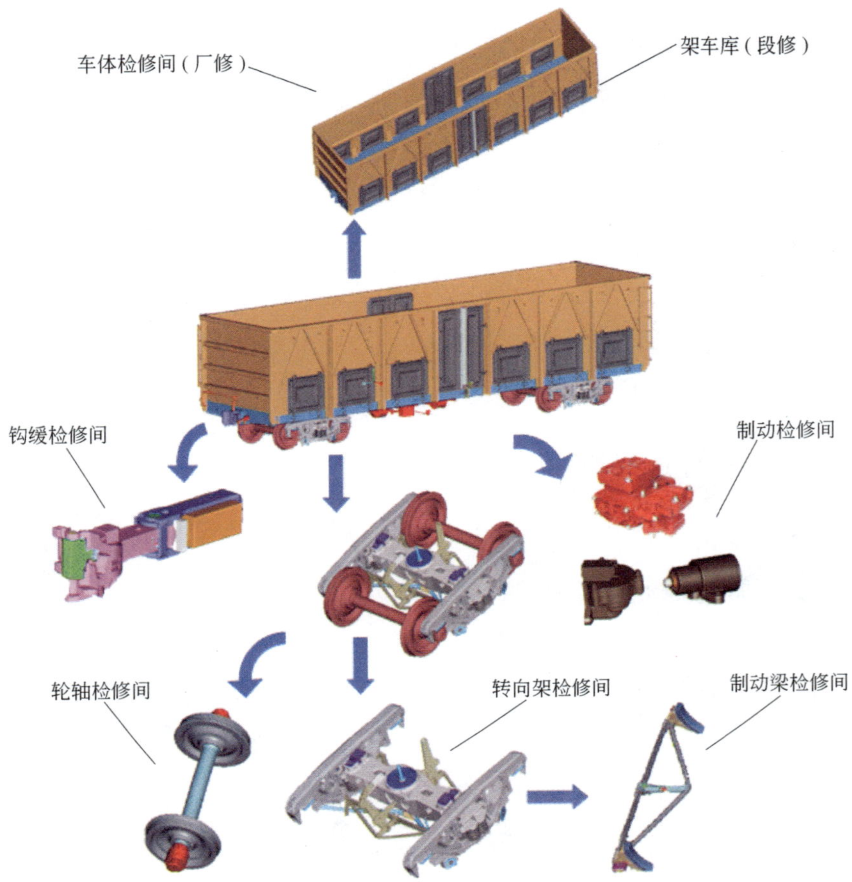

图 1-1　铁路货车零部件分解流程示意图

二、检　　查

检查既有分解前的检查、分解后的检查，也有组装后的检查。分解前的检查、分解后的检查目的是发现零部件的缺陷及性质、确认损伤的程度并确定修理方法；组装后检查目的是评定修理及组装质量。检查的方法包括外观检查、量具检测、无损检测、自动检测等检查技术。

1. 外观检查

外观检查包括目视检查、窥镜检查、影像检查等多种手段。外观检查的重点是发现零部件疲劳损伤、位置及形态的变化等外观缺陷，如零部件的裂纹、松动、丢失、破损、失效、腐蚀、变质、过期等。

目视是最简单、最传统也是最直观的外观检查方法，优点是观察直接、操作简便，但其缺点是要求操作人员具有一定的实践经验，并且无法准确测量读出数值。目视检查时通过观察、敲击、光照等方法，以声音、手感、反光、对比等判断零部件的外观缺陷；窥镜检查用于外观检查无法观察到的部位，如摇枕内腔、上心盘座腔的检查；影像检查用于批量的零部件在固定位置进行拍照，通过图像检查零部件重要部位的缺陷或记录零部件的标记，如摇枕、侧架A、B部位的检查、轴端标志板的检查等。

2. 量具检测

量具检测适用于接触式检测零部件的几何形状及位置，目前在铁路货车检测方法中使用范围最广，主要包括样板和各种检测尺，如通止规、塞尺、外径千分尺、第四种检查器等。优点是制作、使用方便，缺点是量具磨损后造成检测失准。

3. 无损检测

无损检测用于发现零部件的表面或近表面缺陷及内部缺陷，目前在铁路货车检修中广泛应用的无损检测技术有磁粉探伤、超声波探伤及渗透探伤。用于承受交变载荷的主要零部件的检测，如轮对、摇枕、侧架、交叉杆、摇动座、钩体、钩舌、钩尾框、制动梁等的磁粉探伤检查，车轴的超声波探伤检查、罐车卡带渗透探伤等。

4. 自动检测

自动检测是使用设备或仪器进行检测，是智能化、自动化的检测，是检测技术的发展方向。自动检测分为两类，一类是对工作物的几何形状的检测，如制动梁自动检测装置、轮对自动检测装置、钩舌自动检测装置、承载鞍自动检测机、弹簧分选机、弹簧试验机等；另一类是对工作物装配质量的检测，是对功能的检测，如微控单车试验设备、120阀微控试验台、轴承磨合试验机等。

自动检测设备优点是自动化程度高，检测准确，能够自动采集数据，方便查询统计，减轻人员工作量，缺点是需要经常检查维护，确保设备、仪器状态良好。

三、修　　理

修理的目的是消除超过允许的损伤及缺陷，同时又要满足组装的要求；修理时应按照零部件的损伤程度、检查的结果进行修理；修理的过程在专业上涵盖了焊接、铆接、机械加工、热处理、调修、装配等工艺方法，是涉及多工种、多专业的作业，如图1-2所示。

近年来，按照专业化、集约化的发展要求，铁路货车的修理制度及管理制度也发生了变化，形成了状态修、换件修、专业化集中修与寿命管理相结合的检修与管理模式。

1. 状态修。根据车辆运用状态和试验的结果科学安排检修时间和项目，并主动实施的检修方式，称为状态修。由于定期检修时每辆车损伤程度的不同，因此状态修工作量可能是一个不确定的因素；特别是修程范围内不需分解但应检查的零部件，检修工作量存在较大的个体差异。在制定工艺方案时，要充分考虑检修能力的冗余。

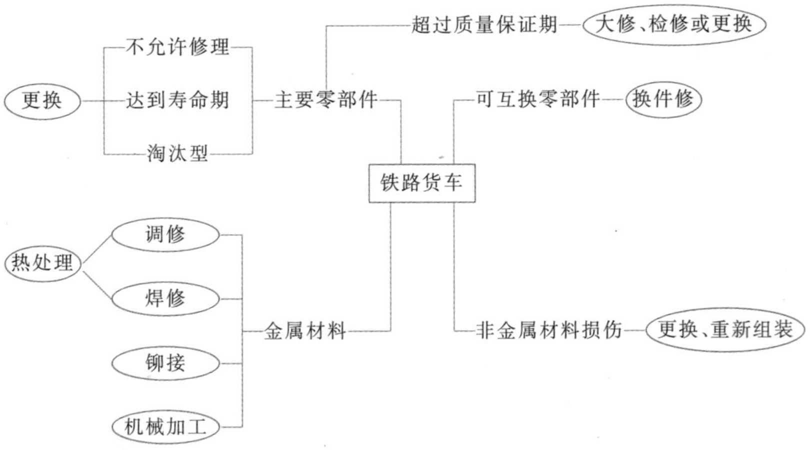

图 1-2　铁路货车零部件修理方式及方法概况图

2. 换件修。换件修是指用符合技术条件和要求的备用零部件或模块更换故障、损坏的零部件或模块的检修方法。换件修能满足及时和快速维修的要求，对维修级别和维修人员的技能要求不高，因此在当今运输条件下，换件修可缩短休车时间，保证检修质量，节省人力，因而愈来愈多地被采用，成为一种非常重要的修理模式。特别是铁路货车设计中愈来愈多地引入模块化设计的概念，将铁路货车中的特定部件设计成模块，这些模块在检修时进行直接更换，给铁路货车的维修工作带来很大的方便，更好地保证了维修质量。

换件修要求车辆的标准化程度高，配件要具有互换性，同时还应科学地确定备件的品种和数量，对换下来的零部件是废弃还是修复或者降级使用，也要进行权衡分析。

3. 专业化集中修

由于铁路货车零部件实行寿命管理和换件修，铁路货车在检修中需更换的配件数量有很大的增加，专业化集中修是维系零部件换件修的基础，也是实现铁路货车检修现代化、专业化的途径。

专业化集中修是指将铁路货车主要零部件的检修进行专业化分工，按照零部件种类集中到工艺装备齐全，技术力量较强的检修单位进行维修的方法。专业化集中修有两方面的含义：一方面是将铁路货车的检修集中到技术力量较强的检修单位，这样可提高检修基地的检修能力和试验手段，从而节约投资，提高检修质量，提高铁路货车运用效率；另一方面是将那些需要分解检修的零部件拆下来按类型送往专业化的单位进行集中检修，从而降低维修成本，提高维修质量。

4. 寿命管理

寿命管理是指经过试验和运用考验后，对车辆零部件的安全性、可靠性、经济性进行综合评价，计算出零部件最合理的经济寿命。

对于车辆零部件而然，寿命一般是指使用寿命；由于多数零部件的使用寿命无法判别，因此在铁路货车检修时，零部件的寿命期限通常以制造时间为准，时间统计精确到月，但车轴的使用时间自轮对首次组装时间开始计算，当首次组装时间不明时，以车轴制造时间为准。实行寿命管理的配件达到寿命期时不再修理，直接更换。

铁路货车主要零部件施行寿命管理，如侧架、摇枕、轴承、车轴、车钩、钩舌、缓冲器、钩尾框、牵引杆等。在实行寿命管理和制造质量保证期的零部件上需有永久性制造日期和制造厂代号标记。

四、组　装

组装是铁路货车检修过程中的最后阶段，组装质量直接影响铁路货车检修质量。组装就是按照规定的技术要求，将若干个零件和部件组成车辆一个部位或整车的过程。过程中的组装质量要保证最终整车质量。组装质量从以下几个方面进行评定。

1. 匹配性

匹配性就是指一个零部件的型式或装配型式与整个部件的型式或整车型式的一致性。

(1)除有特殊要求者外，整车同一种零部件的型号须一致。如同一辆车的转向架型号、制动梁型号须一致。

(2)同一部件不同零件或组件的型号须匹配。如同一套车钩缓冲装置的配件型号须匹配，侧架立柱磨耗板材质应与斜楔的型式匹配。

(3)装用的零部件的型号须满足设计及技术进步的要求；当某一零部件报废时，可用不低于设计标准的零部件代替。如 13A 型车钩可用替代 13 号车钩，组合制动梁可替代槽钢弓形杆制动梁等，反之不可以替代。

2. 牢固性

牢固性就是采用焊接、铆接、螺栓组装等方式连接的零部件须满足组装要求的技术标准。

(1)螺栓组装的零部件,除有特殊要求者外,螺栓不得松动。对于有紧固力矩要求者,须采用扭力矩扳手或扭矩扳机紧固。如钩尾框托板、钩托梁组装后螺栓不得松动;轴端螺栓、交叉杆螺栓、制动阀螺栓组装都有组装扭力矩的规定。

(2)焊接或点焊的零部件焊接的质量及焊接参数须满足技术条件的规定。如摇枕斜楔摩擦面磨耗板的焊接、钩尾框磨耗板的焊接须符合技术图样的规定。

(3)冷铆或热铆的零部件,铆接须符合技术条件的规定,铆接后铆钉不得松动,结构间的间隙须符合技术标准。如侧柱、上心盘、从板座的铆接,须符合铆接技术条件。

3. 配合尺寸

配合尺寸就是组装后各零部件间的组装间隙或组装时零部件间的配合过盈量。

(1)配合尺寸是选配的结果。有时两个合格的零部件组装后配合尺寸不一定是合格的,需要在组装时进行选配,或将一些配件原位组装,避免出现返工现象。如钩体的组装,需要选配钩舌与钩锁;衬套与杠杆压装时,需要选配过盈量;组装承载鞍、斜楔等,应进行原位组装。

(2)重要的配合尺寸应是可验证的结果。如滚动轴承与轴颈压装、车轮与车轴压装时,需要通过压力曲线验证组装的质量。

4. 位置关系

位置关系是指组装后两个或多个零部件间或零部件与特定参照物间位置的几何尺寸关系。

(1)零部件间位置的几何尺寸关系有时是一个量值,有时是差值。如上旁承与上心盘的中心距离、簧下配件与簧上配件的距离;同一端上旁承磨耗板下平面高度差、同一转向架轮径差等。

(2)零部件与特定参照物间位置的几何关系直接影响车辆的安全性能及使用性能。如车钩高度及差值、同一端梁水平高度差等,要以水平线路为参照;车辆的外形轮廓要以车辆限界为参照进行测量。

5. 功能性

功能性是指零部件组装后,采用试验手段验证组装质量。如制动阀组装后性能试验,制动装置组装后单车试验,缓冲器组装后落锤试验,闸调器组装后性能试验等。

第二章　铁路货车检修工艺流程和基础工艺

第一节　铁路货车检修工艺流程

一、铁路货车检修工艺流程分类

铁路货车检修工艺流程的方式与生产组织方式密切相关，生产组织方式包括定位作业和流水作业两种。

1. 定位作业生产组织的工艺流程

定位作业生产组织是指在同一地点完成检修作业的分解、检查、修理、组装等主要工序的全部工作的检修组织形式。其特点是各项作业人员相对集中，工人的综合技术素质要求高，不需要很大的场地和很多的设备，适用于检修对象的批量较小，体积较大，不便于移动，结构较为复杂，型号规格多且不统一，检查修理的工作量大，修理时间差别较大，厂房面积较小等情况。通俗地说定位作业就是工作物不流动，人员与装备流动。一般用于以下两个工艺流程：

(1)车体及油漆标记检修；

(2)现车制动装置及车钩缓冲装置检修。

2. 流水作业生产组织的工艺流程

流水作业生产组织是指零部件按规定的路线和节奏移动，依次经过若干个分工明确的检修工位后，完成分解、检查、修理、组装、试验等全过程检修作业的组织形式。其特点是工作物流动，作业人员在规定的区域按工步要求完成工序的作业内容。一般用于以下 6 个工艺流程：

(1)转向架检修；

(2)轮轴检修；

(3)制动梁检修；

(4)车钩缓冲装置检修；

(5)空气制动配件检修；

(6)铁路货车技术管理信息系统(HMIS)。

二、铁路货车检修主要工艺流程

工艺流程一般用图表符号形式表述，它可非常直观地表达产品通过工艺过程中的部分或全部阶段所完成的工作。工艺流程图是执行规程、确定工装、覆盖过程、实施生产组织等的理论构架；一个工艺流程中，包含若干工序，工序是制定技术文件的框架。以铁路货车段修为例，大致有245个工序，工艺规程及作业指导书要覆盖每个工序。

1. 现车车体、制动及车钩缓冲装置检修工艺流程

现车车体、现车制动及现车钩缓有31个基本工序，如图2-1所示。

主要工艺装备：

（1）车体检修：标签读出器，综合调梁调柱机，上心盘分解、铆接机具，铆钉加热炉，拉铆钉机、脉冲弧焊机。

罐车检修：微机控制罐车呼吸式安全阀试验台、微机控制罐车下卸阀试验台、罐体水压试验设备、加温套通气试验装置、罐体内可燃气体测爆仪、罐车洗刷及污水处理装置。

有棚车及押运间检修：漏雨试验装置。

（2）现车制动装置检修：微控集中试风设备或微控单车试验器、制动配件运送防尘设施。

（3）现车车钩缓冲装置检修：现车车钩缓冲装置分解组装机具、螺栓拆装装置、车钩支撑座拆装装置。

2. 转向架检修工艺流程

转向架检修有50个基本工序，如图2-2所示。

主要工艺装备：转向架清洗机、起重设备、螺栓分解机、转向架输送线、摇枕侧架翻转机、铆钉加热炉、液压铆钉机、扭矩扳手、摇枕侧架翻转焊修机具、摇枕侧架探伤机、交叉杆探伤机、支撑座探伤机、智能扭矩扳机、交叉支撑装置组装正位检测台、转向架压吨试验机、枕弹簧自动检测选配机、侧架滑槽磨耗板压装机、下心盘螺栓扭矩扳机、承载鞍检测输送线、摩擦系数检测装置等。

3. 轮轴检修工艺流程

轮轴检修有30个基本工序，如图2-3所示。

主要工艺装备：轮轴尺寸自动检测装置、轮轴转动装置、轮轴清洗除锈机、轴承内部状态不分解诊断装置、固定式轴承退卸机、轮轴荧光磁粉探伤机、轴承开盖装置、微控轮轴超声波自动探伤机、轮轴专用多通道超声波探伤仪、数控车轮车床、轴承附件清洗及干燥装置、后挡与防尘板座自动测量选配装置、轴承与轴颈自动测量选配系统、微机控制固定式轴承压装机、微机控制标志板打号机、微

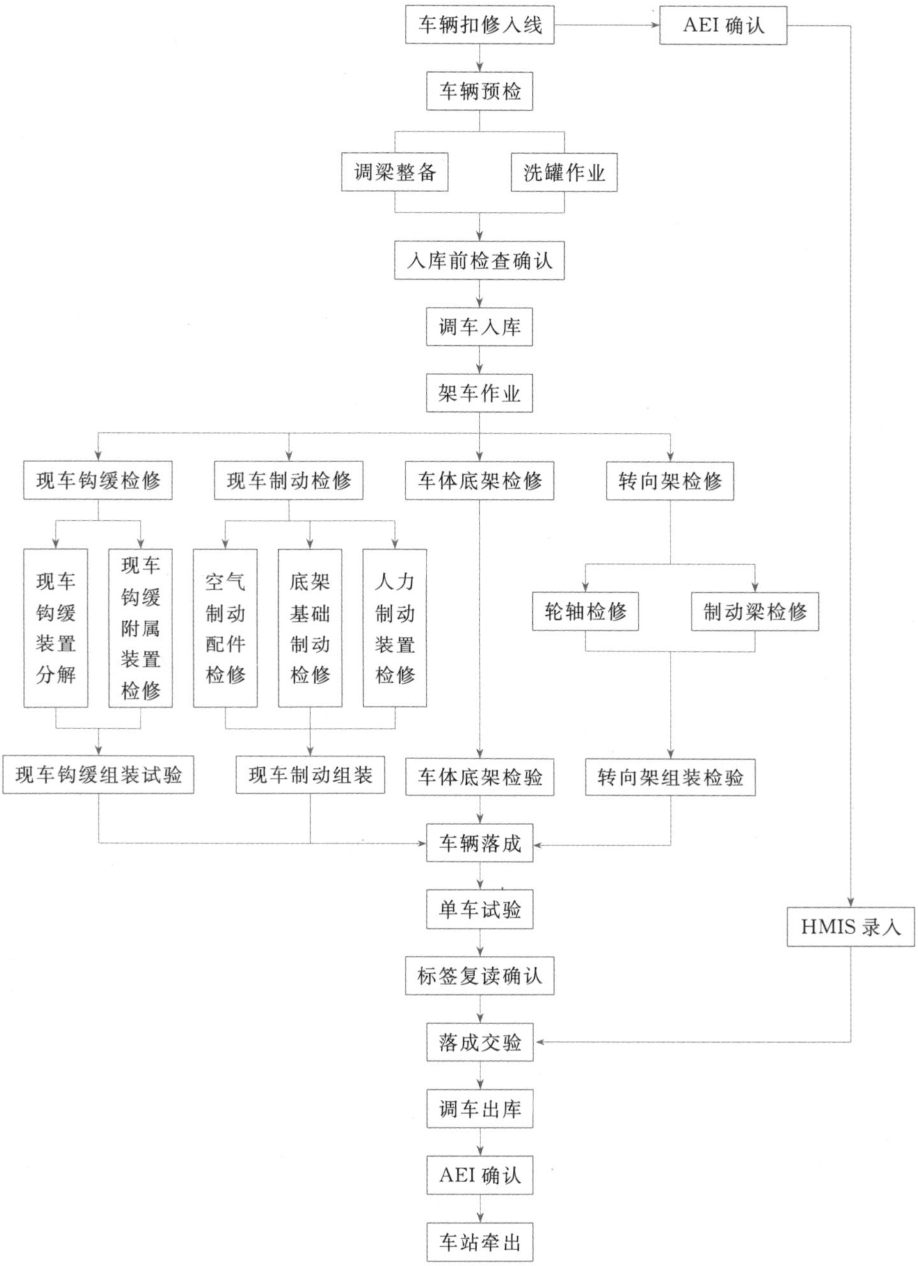

图 2-1 现车车体、制动及车钩缓冲装置检修工艺流程图

机控制轴承磨合测试装置、轴端螺栓智能扳机、轮轴涂漆装置等。

4. 制动梁检修工艺流程

制动梁检修有 24 个基本工序，如图 2-4 所示。

主要工艺装备：制动梁自动检测装置、闸瓦托弧面铣(磨)床、制动梁磨耗套铆钉机、制动梁滑块除锈设备、制动梁滚子轴挡圈分解机具、制动梁探伤机、制动梁滚子轴固定焊机具、可移式镶套机、L 型制动梁组装机、制动梁闸瓦托铆接装

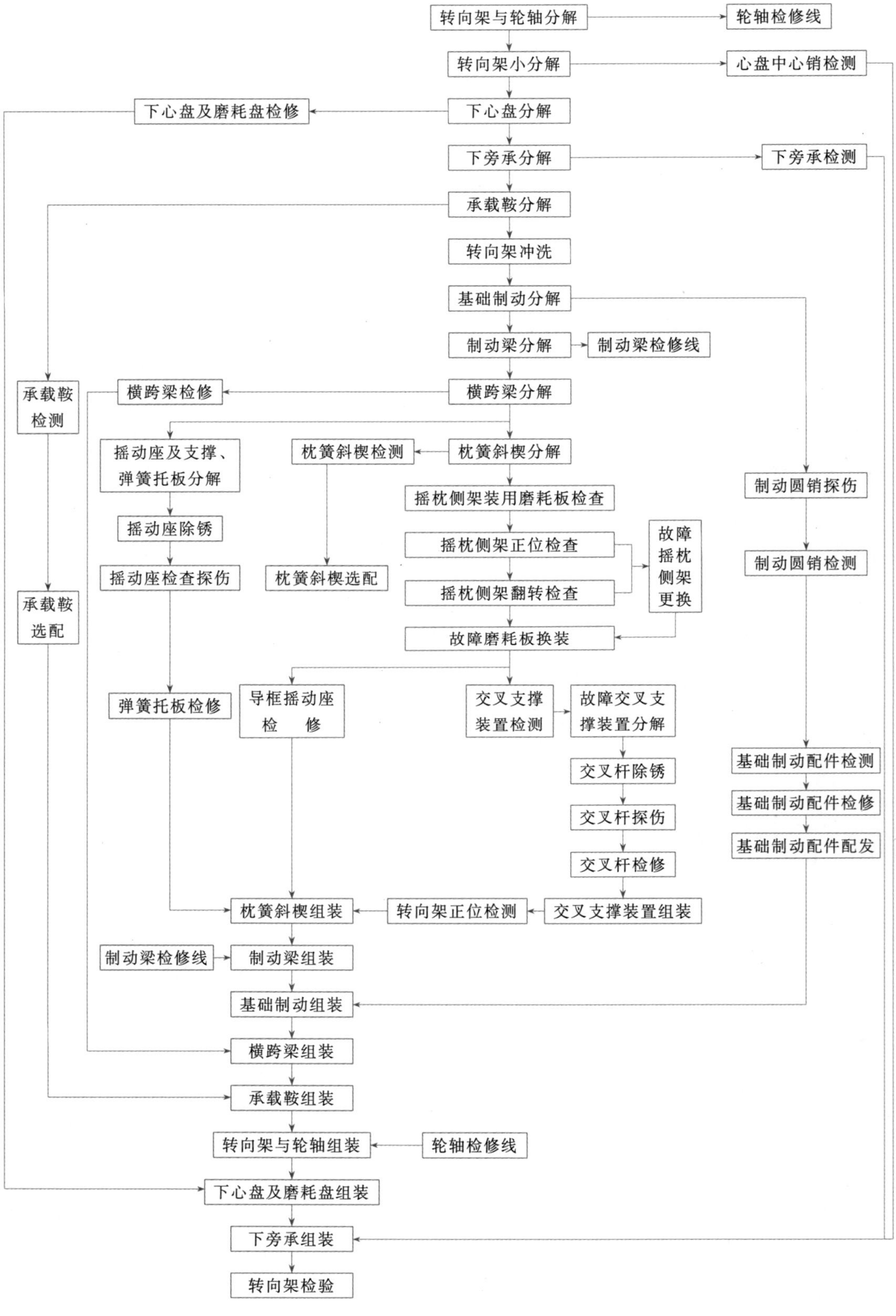

图 2-2　转向架检修工艺流程图

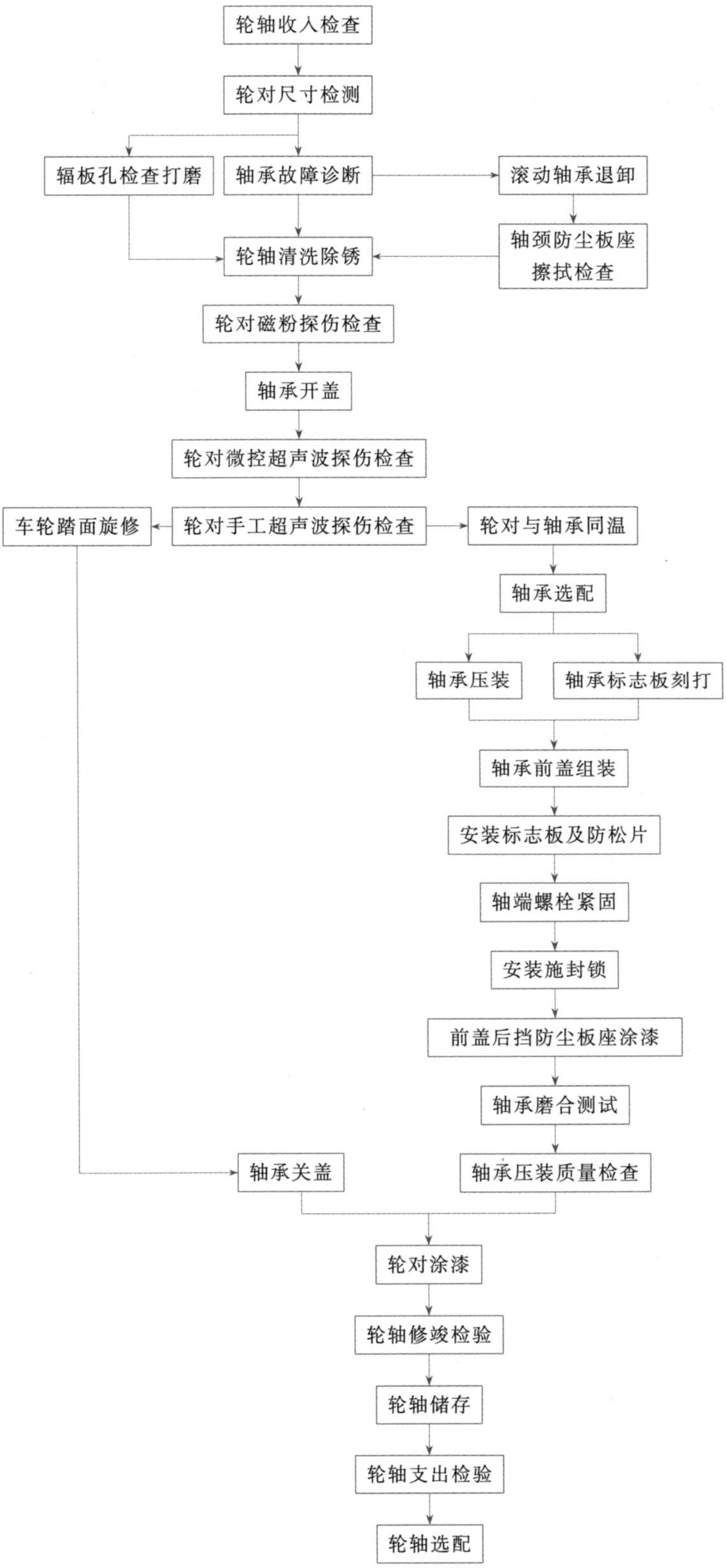

图 2-3　轮轴检修工艺流程图

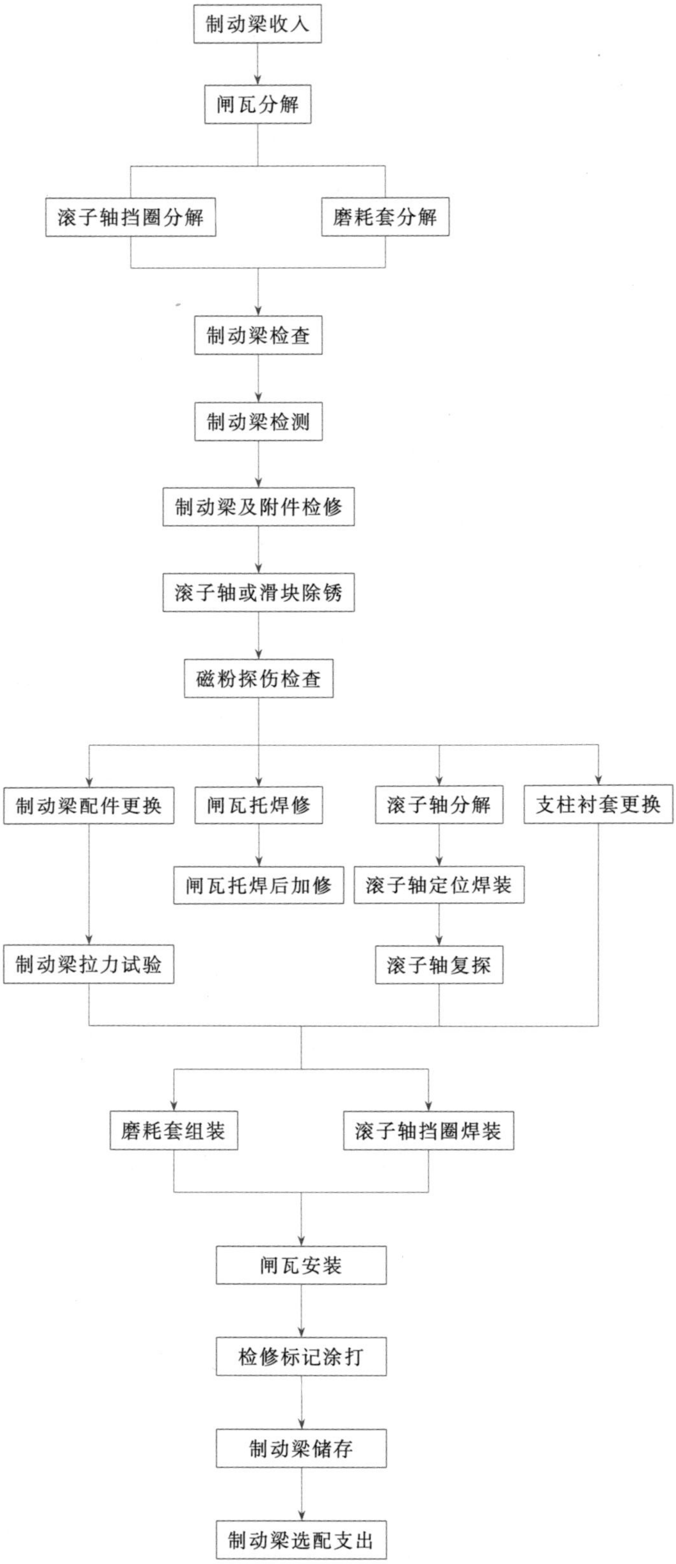

图 2-4　制动梁检修工艺流程图

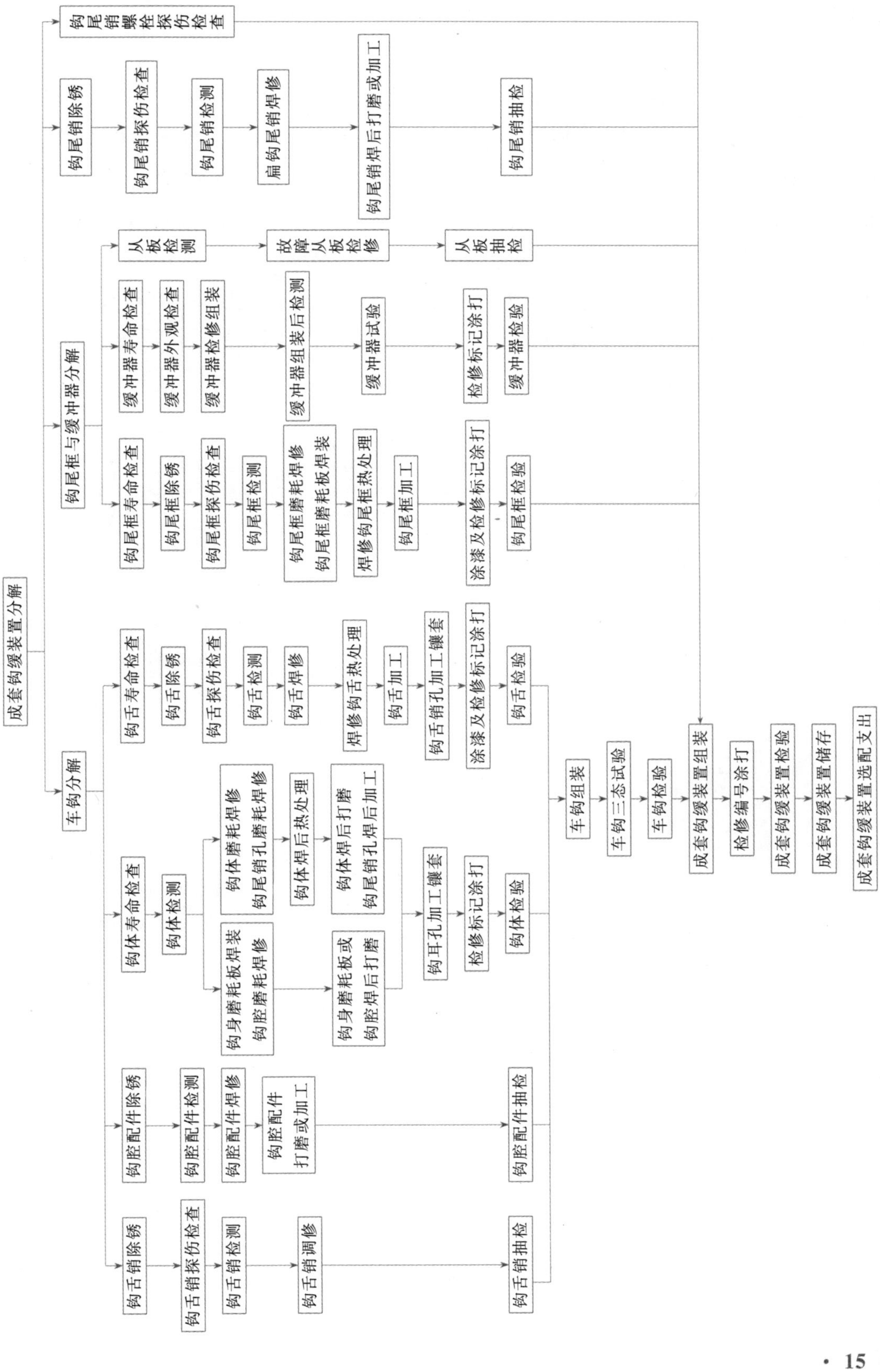

图 2-5　车钩缓冲装置检修工艺流程图

置、铆钉加热炉、微控制动梁拉力试验器等。

5. 车钩缓冲装置检修工艺流程

车钩缓冲装置检修有66个基本工序,如图2-5所示。

主要工艺装备:成套钩缓装置分解机、车钩储存检修架(线)、车钩检修线、钩尾框检修线、缓冲器检修线、缓冲器分解组装压力机、配件抛丸除锈机,钩尾框湿法磁粉探伤机、钩舌湿法磁粉探伤机、配件湿法磁粉探伤机、钩体湿法磁粉探伤机、车钩三态试验装置、钩舌自动焊机、钩舌S面数控刨床(铣床)、二氧化碳气体保护焊机、配件热处理装置、钩尾及钩尾框销孔加工机具、钩耳孔及钩舌销孔镗孔机、钩耳孔及钩舌销孔镶套机、成套钩缓装置组装机、起重设备等。

6. 空气配件检修的主要工艺流程

空气配件检修有34个基本工序,如图2-6所示。

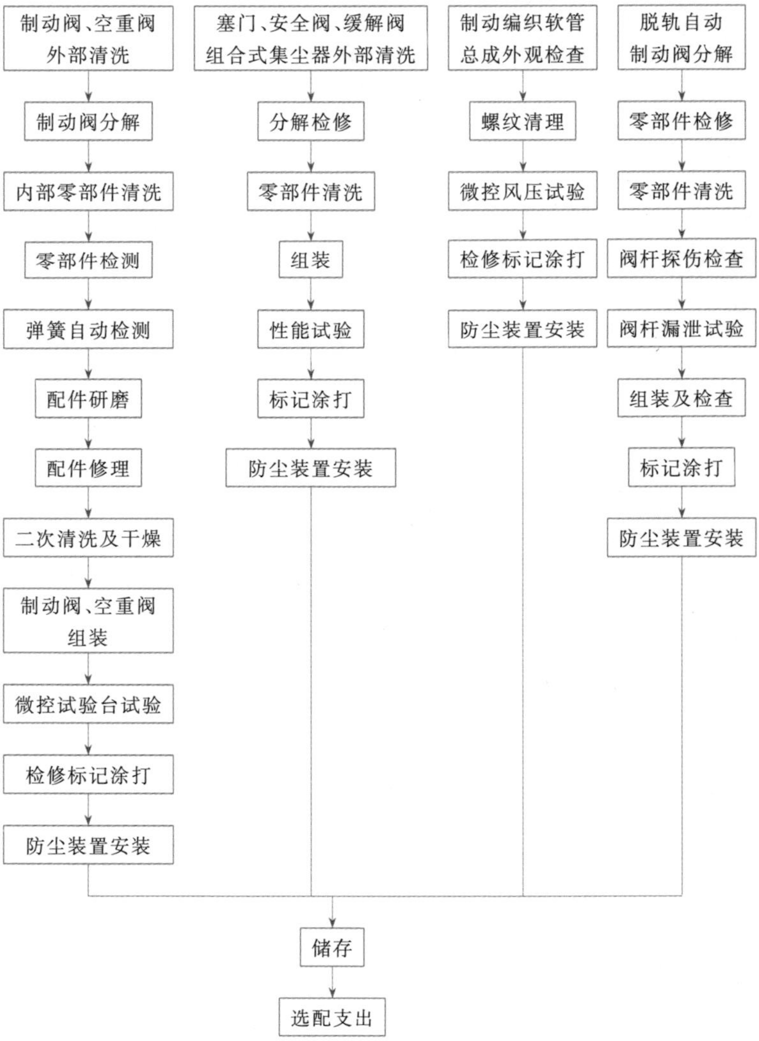

图2-6 制动配件检修工艺流程图

主要工艺装备：外体清洗机、单阀配件盛放盒、电(风)扳手、扭力扳手、工作台、零件及腔体清洗机(一、二次)、研磨机、研磨平台、微机控制 701 型试验台、微机控制 705 型试验台、微机控制 120(120-1)型专用试验台、微控空重阀试验台、微控塞门试验台、微控安全阀缓解阀试验台、微控软管风水压试验台、微机控制弹簧自动检测机、压缩空气净化干燥装置等。

7. 铁路货车技术管理信息系统操作工艺流程

铁路货车技术管理信息系统操作有 10 个基本工序，如图 2-7 所示。

主要工艺装备：车辆标签地面识别设备(AEI)、标签读出器、标签转储装置、HMIS 工位机、服务器及网络系统、指纹识别装置等。

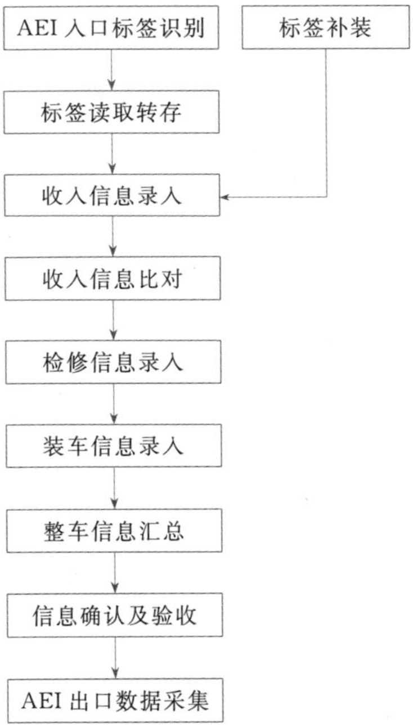

图 2-7　铁路货车技术管理信息系统操作工艺流程图

第二节　铁路货车检修基础工艺

一、制定工艺的原则

制定工艺应遵循技术先进和经济合理的原则。制定铁路货车检修工艺应充分考虑以下 8 个方面。

1. 工艺流程合理，工艺具体规范，工艺装备配套完善，置场管理有序，零部件检修、运输有序、存放有架，质量控制要求责任明确、有记录，管理制度健全，人员素质达标。

2. 工序的布置衔接和顺畅，零部件在检修传递过程中不倒流和迂回。工序设置做到“三分开”，即检查、检测与修理分开，修理与组装分开，在修、待修品与合格品分开。

3. 工艺规程及作业指导书覆盖全面，工序作业范围、操作程序、使用的装备及工具、产品的标准明确。

4. 工装、设备、工具、量具、工位辅助器具及场地(台位)等满足检修要求，实现定置区域色带管理，有定量清洁度及温度、湿度要求的检修场所采取密闭和防尘等相应措施，对产生环境污染、危害人身健康的工序采取环保措施，有条件的采取异地修、集中修。

5. 零部件在分解、检修、组装过程中配备专用运送工具，实现零部件分解、组装不落地，加工修理台架和胎、模具，修竣零部件有专用存放架和明显标识。

6. 有工序质量的自控、互控、他控体系，自检、互检及专检有检查范围和责任，有完善的质量记录。

7. 有严格的管理制度：工艺执行管理、质量控制管理、设备管理、置场管理、配件运送和存放管理、技术资料和原始记录管理，实现科学的量化管理。

8. 各检修岗位人员能够满足该岗位基本技术技能和检修节奏要求，经过专业技术培训，考核上岗。

二、铁路货车检修基础工艺的范围

铁路货车检修是一个比较复杂的过程，它岗位多，工艺过程多。在现阶段的铁路货车检修的八条基础工艺线的各个岗位上，制定的基础工艺必须涵盖以下过程。

1. 现车检修：车体检修工艺，人力制动装置检修工艺，底架各梁、盖板弯曲调修及补强工艺，车体、底架附属件检修工艺，上心盘铆装工艺，上旁承组成检修工艺，现车钩缓检修工艺，现车制动检修工艺，单车试验工艺，标记涂打工艺，整车落成工艺，拉铆工艺等。

罐车检修还应包括：罐车洗刷工艺，罐车测爆、明火试验工艺，罐体及附属件检修工艺，罐体水压试验工艺，加温套通气试验工艺，呼吸式安全阀检修、试验工艺，下卸阀检修、试验工艺等。

2. 转向架检修：转向架清洗工艺，转向架分解工艺，交叉支撑装置检修工艺，横跨梁检修工艺，滑槽磨耗板检修工艺，侧架立柱磨耗板检修及安(铆)装工艺，摇枕、侧架正位及翻转检查工艺，摇枕斜楔摩擦面检修工艺，下心盘组装工艺，承载鞍组装工艺，导框摇动座检修工艺，摇动座组装工艺，下旁承组装工艺，交叉杆组装工艺，转向架正位检测工艺，基础制动组装工艺，横跨梁组装检修工艺，转向架组装及落成工艺等。

3. 轮轴检修：轮轴收入检查工艺，轴承退卸工艺，辐板孔检查、打磨工艺，轴承故障诊断工艺，轮轴清洗除锈工艺，磁悬液探伤工艺，微机控制超声波探伤工艺，多通道超声波探伤工艺，车轮加工工艺，轴承与轴颈选配工艺，后挡与防尘板座选配工艺，标志板刻打工艺，轴承压装、检测工艺，轴承磨合测试工艺，轮轴涂漆工艺，轮轴修竣、支出检查工艺，轮轴储存、运输工艺等。

4. 制动梁检修：制动梁检测工艺，滚子轴、滑块除锈工艺，滚子轴、滑块探伤工艺，滚子轴更换焊修工艺，磨耗套更换工艺，支柱焊修、更换工艺，闸瓦托检修工艺，闸瓦托更换工艺，制动梁拉力试验工艺，闸瓦装配工艺等。

5. 车钩缓冲装置检修：车钩缓冲装置分解工艺，钩尾框、钩舌、钩腔内部配件抛丸除锈工艺，钩体检修工艺，钩舌检修工艺，钩尾框检修工艺，钩舌、钩尾框探伤工艺，缓冲器分解、检修、组装工艺，配件焊修工艺，热处理工艺，配件机加工工艺，车钩缓冲装置组装及三态试验工艺等。

6. 空气制动装置检修：制动配件外部清洗工艺，制动阀分解、内部配件清洗、烘干工艺，零部件检测工艺，弹簧自动检测工艺，活塞检修工艺，滑阀、节制阀检修工艺，内部配件修理工艺，配件清洗工艺，制动阀组装工艺，微机控制 701 型试验台试验工艺，微机控制 705 型试验台试验工艺，微机控制 120/120-1 型空气控制阀试验台试验工艺，标记涂打及存储工艺，空重车调整装置各阀检修工艺，微机控制空重阀试验台试验工艺，安全阀检修、试验工艺，缓解阀检修、试验工艺，制动软管检修、试验工艺，折角塞门检修、试验工艺，制动缸活塞组成检修工艺等。

7. 铁路货车技术管理信息系统操作：AEI 数据采集应用规范、车辆标签读取转存申请规范、HMIS 系统数据录入规范、HMIS 系统数据查询使用规范、HMIS 系统数据汇总验收规范等。

8. 配件检修：下心盘检修工艺，下心盘磨耗盘检测工艺，承载鞍检测工艺，斜楔检测工艺，枕弹簧（减振弹簧）检测及选配工艺，弹性旁承检测工艺，摇动座检测、探伤工艺，基础制动配件检修工艺，钩腔内配件检修工艺，钩舌销、钩尾销探伤工艺，钩舌销、钩尾销检修工艺，从板检修工艺，配件焊修工艺，制动轴链裂损焊修、拉力试验工艺，各风缸裂纹焊修、水压试验工艺，拉杆焊修、拉力试验工艺等。

第三章　铁路货车及零部件分解

铁路货车检修的目的是消除铁路货车运用中产生的故障和潜在的故障因素，为铁路运输提供技术状态良好的车辆。分解是铁路货车检修过程之一，对铁路货车经过预检发现的故障及车体、转向架、制动装置、车钩缓冲装置部位检修时需要检查、检测的零部件进行分解。

第一节　预检、预修及整车分解

铁路货车检修主要分为预检预修及入库架车检修。预检预修是待检修铁路货车在入库检修前对各部位进行的预先检查和修理。在修车库外设置作业场地，提供风、水、电、防雨、运输搬运、信息化设备等基本作业条件，对计划入库检修的铁路货车进行预修，可将破损车门、墙板、地板的分解修理以及车辆车体底架的调修、涂刷油漆、现车制动装置的分解、手工除锈等操作简单、工装条件不高、对环境影响较大的工序安排在预修环节，减少修车库内检修工作量，压缩检修时间，改善修车库生产环境。

一、预检作业

预检作业是由预检员对入线待检修的车辆进行预先检查，一是确认检修车基本信息，二是对待检车辆的主要配件情况进行初步检查。

1. 确认检修车基本信息

入线检修车定检须符合段修周期要求，预检员用手持标签读出器核对标签内容与现车标记相符，车辆结构与车型相符。定检及车种车型、车号不符时，通知检修调度组织对该车会检。

2. 入线车检查

检查车体、底架、转向架、钩缓装置、空气制动装置、基础制动装置等部分的主要配件情况，对车体故障在相应部位注明。

有较大故障或可能因更换、加修配件影响半日出线时，在开工计划下达会上向相关的班组传达，以便做好劳动组织和配件、材料的准备。对丢失或需更换的配件进行汇总，将所需配件名称、规格、数量提报到配发中心集中提料。

罐车入库检修前须确认经过洗刷及明火试验，罐体明显部位标明"洗完，已试火"字样，并粘贴有"洗罐合格证"。对经洗刷的罐车须在入库检修前2 h内，在安全地点用测爆仪进行二次测爆，测爆合格后进行二次明火试验。经测爆仪测试合格和二次明火试验合格后，在罐体的明显部位标明"已二次试火"，并填记"罐车检修前二次测爆及明火试验记录单"，方可进行入库施修。

毒品车及其他装运有毒、有害货物的铁路货车须消毒并有消毒合格证，毒品车入库检修前必须进行生物生存试验；装载放射性物质的铁路货车，施修前须经有关部门鉴定、处理，并符合国家有关规定。

预检后，预检员按车辆预检情况填写"预检记录"，并将车辆信息填入"铁路货车检修记录单"(车统—22B)中，编制日检修计划，交与检修调度，对标签转储仪内容进行转储。通知质检员、验收员和预修班组，对进入到预修场地的检修车制定施修方案，由预修班组施修处理故障。

二、预修作业

预修作业是对进入到预修场地的检修车进行入库前的分解、修理，应采用更换车门专用机具、移动式车体整形机等专用机械器具对车体进行预修。经过预修的车辆可有效的节省入库检修时间、提高台位利用率及检修质量，预修作业范围主要包括：

1. 对车体锈蚀部位进行除锈；
2. 涂去旧车辆标记；
3. 分解挡键螺栓；
4. 分解制动阀防盗罩；
5. 分解脱轨自动制动阀拉环，并对弯曲变形的脱轨制动阀拉环进行调修；
6. 更换故障车门；
7. 对存在故障的车体附属配件进行更换、调修，对腐蚀、破损严重部位进行切割，对破损区域较小的车体地板进行挖除；
8. 对车门外胀及门缝间隙超限的进行调修；
9. 清除车门夹带杂物及车内杂物；
10. 更换不良木结构地板。

预修完成后，由工长、质检员对车辆进行检查，并画检查合格标记。预检员参加开工计划会传达预检情况，通报车辆主要故障，提出检修措施、材料准备和劳动组织的建议。中间计划落实会上，依据调度布置的生产进度确定当日出线计划。

三、整车分解

预修合格的车辆按作业计划入库检修，进行架车作业及整车分解作业。

1. 架车作业

架车前车辆应对正架车位，并打好止轮器进行防护，分解上拉杆圆销，分离移动杠杆与拉杆；检查锁具、架车机状态良好后，用固定或移动式架车机架起车体。

架车过程中，由一人统一指挥、做好呼唤应答；缓慢起车，注意观察上、下心盘是否卡死，如有卡住的情况应通知工长采取措施，使上、下心盘分离后架车。装用转动车钩的车辆架车时，应使用专用锁具防止架车时车钩转动；架车时车上、车下及车辆侧方通道上不得有人；发现车体倾斜、偏重等不正常现象时，应立即停止作业，查明原因并处理后方可恢复作业。架车后，检查车体与架车机均应接触，承载均匀；

罐车架车前应打开人孔盖，检查罐内有无残油、异味，发现可疑情况不得作业。

2. 车体部件分解

车体各部配件、底体架附属件、车体设备以现车检修为主，架车后将转向架、车钩缓冲装置、空气制动各阀、软管、塞门、罐车呼吸式安全阀及下卸阀分解后分别送至相应处所检修。

第二节 转向架冲洗及分解

铁路货车转向架主要由轮轴装置、弹簧减振装置、构架、基础制动装置和支承车体的装置组成。轮轴装置主要作用是将轮对的滚动转化为车体沿钢轨的平动，并传递垂向、纵向、横向等多种复杂载荷。弹簧减振装置主要作用是使货车载荷均衡的传递到轮对，并缓和、减小因线路不平顺、钢轨磨耗、车轮不圆等引起的货车振动和冲击。构架主要是转向架各零部件安装的基础部件，也是承受载荷的主体部件。基础制动装置主要作用是传递和放大制动力，使闸瓦和轮对间产生的转向架内摩擦力转化为轮轨之间的外摩擦力，从而产生制动效果。支承车体的装置作用是安全可靠地支承车体，承载并传递各作用力（如垂向力、振动力等）；使车辆顺利通过曲线，车体与转向架之间应能绕不变的旋转中心相对转动。

转向架按结构型式可分为交叉支撑转向架、摆式转向架、自导向(径向)转向架、三大件转向架、构架式转向架、三轴或多轴转向架等。

一、转向架冲洗

转向架检修前要进行外部冲洗,便于转向架各种配件检查并改善现场作业环境;冲洗一般在轮轴分解后进行,防止高压水进入滚动轴承;冲洗水温应控制在 70 ℃以下,不允许用酸性、碱性水冲洗转向架,避免损伤橡胶旁承体及交叉杆橡胶垫等非金属材料。冲洗后用压缩空气吹净水分,表面应无油垢及其他杂物。转向架牵引或吊运过程中要注意配件的防护,不允许借助交叉杆或弹簧托板吊装、支撑或移动转向架。

二、转向架分解

1. 以下配件均须分解检查:

挡键、下心盘及磨耗盘、下旁承、承载鞍及轴箱橡胶垫(橡胶弹簧)、横跨梁、制动拉杆、制动杠杆及支点、制动梁、减振装置、弹簧托板、摇动座、摇动座支承等;其他螺栓、圆销、开口销组装的配件均须分解检查。

转向架分解后构架、弹簧、承载鞍、斜楔应在流水线上检修;承载鞍、轴箱橡胶垫、斜楔、弹性旁承组成等配件应做好装车位数标记,检测合格后应装回原车、原位,并原方向组装。其他配件集中送相应的检修场地进行检查和检测。

2. 以下相关配件因存在故障及组装质量不良时,须分解检修:

(1)交叉支撑装置因交叉杆变形,杆体擦伤、碰伤深度超限,交叉杆裂纹、焊缝开裂,交叉杆端头螺栓(母)松动,支撑座裂纹或破损;转 K1、转 E22、转 E21 型锥柱、带槽螺栓松动、母体裂纹或破损,因火灾等原因,交叉杆及支撑座烧损或化学溶剂腐蚀橡胶件须分解检修。需更换其相关配件时,须分解检查。

(2)导框摇动座固定块变形、丢失、焊缝开裂时,须分解检修。

(3)立柱磨耗板裂损或松动、磨耗板磨耗超限时,须分解检修。

(4)其他因磨耗过限、配件裂纹等原因须更换的配件,须分解更换。

3. 轮轴与转向架分离后进入轮轴检修间检修。

第三节 制动装置分解

制动装置是指铁路货车上起制动作用的零部件所组成的一套机构。铁路货车制动装置主要由基础制动装置、空气制动装置、人力制动机组成。

基础制动装置是最终产生制动作用的装置，它利用杠杆原理，把空气制动机或人力制动机所产生的制动力，经过各杠杆、拉杆的作用，扩大适当倍数后再传到闸瓦上，使闸瓦压紧车轮踏面而产生制动作用。基础制动装置一般由制动缸活塞推杆、制动缸杠杆、连接拉杆、中拉杆、上拉杆、移动杠杆、固定杠杆、固定杠杆支点、制动梁、闸瓦、闸瓦间隙自动调整器等组成。另外，控制杠杆、控制杆、闸瓦托吊等零部件也属于基础制动零部件。

空气制动装置根据空气压力的变化，通过制动阀等部件实现对基础制动装置的控制。空气制动装置主要由制动阀、制动软管、折角塞门、制动主管、制动支管、截断塞门与远心集尘器组合体、副风缸、压力风缸（或加速缓解风缸）、制动缸、空重车调整装置等零部件组成。空气制动装置型号一般以制动阀型号来区分，目前铁路货车装用的制动阀主要有 3 种：GK 型三通阀、103 型分配阀和 120/120-1 型控制阀。

人力制动机通过用人力代替压力空气作用于制动缸活塞的推力来带动基础制动装置动作，使闸瓦压紧车轮，进而产生制动作用。目前，铁路货车上使用的人力制动机有手制动机和脚踏式制动机两类，其中手制动机有链式、掣轮式、FSW 型和 NSW 型等。

一、基础制动装置分解

1. 制动圆销及开口销须分解。
2. 现车制动杠杆和拉杆外观及作用状态良好时可不分解。
3. 基础制动安装于转向架部分的杠杆和拉杆须分解。
4. 制动梁须卸下并分解以下部位：

(1)闸瓦插销及闸瓦；

(2)槽钢制动梁滚子轴挡圈；

(3)制动梁安全链组装螺栓；

(4)组合式制动梁闸瓦托滑块根部除锈不符合要求或非金属磨耗套影响探伤时须分解滑块磨耗套。

二、空气制动装置分解

1. 各制动阀、制动软管、脱轨自动制动装置拉环、风缸螺堵、防盗罩、集尘器下体须分解；空气制动配件分解后送制动室检修。

2. 储风缸、闸调器、球芯塞门外观状态及单车试验良好时可不分解；但锥芯塞门须分解。

三、人力制动机分解

人力制动机外观状态及试验作用良好时可不分解,作用不良时须分解检修。

第四节　车钩缓冲装置分解

车钩缓冲装置是连接列车中机车和车辆、车辆和车辆,使之彼此保持一定距离,并且传递和缓冲列车在运行中或在调车时所产生的纵向力、牵引力和冲击力。

车钩缓冲装置主要由车钩、缓冲器、钩尾框、钩尾销、从板等零部件组成。在重载单元铁路货车上用部分牵引杆代替车钩的车钩缓冲装置则被称为牵引杆装置。RFC 型牵引杆装置由 RFC 型牵引杆、16 型钩尾框、从板、转动套、钩尾销和 17 型钩尾框、从板、钩尾销等零部件组成。除牵引杆外其余零件均与 16、17 型车钩缓冲装置的零件相同,提高了系统的互换性。车组 1 位端采用 16 型转动车钩,2 位端采用 17 型固定车钩,两辆车之间采用可与车钩互换的 RFC 型牵引杆。

一、车钩缓冲装置拆卸

由于铁路货车装用的车钩不同,车钩缓冲装置从车体上拆卸的方式也不相同。60 t 级通用铁路货车主要装用 13 号系列车钩缓冲装置,车钩、钩尾框、缓冲器及从板现车状态是通过钩尾销连接在一起,可以通过专用钩缓拆装叉车将成套钩缓装置从现车拆卸。70 t 级通用铁路货车大都装用 17 型车钩和 MT-2 型缓冲器,现车分解时要先分解钩尾销托梁和钩尾销,使用机具先将车钩拉出卸下,然后用专用机具压缩缓冲器,将钩尾框连同缓冲器、从板组成一同卸下。车钩缓冲装置分解前,应在配件上标注车钩缓冲装置收入的股道、台位号码,便于 HMIS 统计。

1. 13 号、13A 型、13B 型车钩缓冲装置分解步骤:

(1)分解上作用车钩提钩链与上锁提连接的马蹄环圆销及垫圈;下作用车钩钩提杆座螺母,卸下钩提杆;

(2)分解开口销、钩托梁螺栓、钩尾框托板螺栓;

(3)卸下成套车钩缓冲装置。

2. 16 型车钩缓冲装置分解步骤:

(1)分解钩提杆座螺母,取下钩提杆及开钩框;

(2)分解钩尾销托梁、安全托板、钩尾框托板螺栓;

(3)将车钩转动180°呈反位，分解钩尾销托，取下钩尾销；

(4)将车钩再转动180°呈正位，卸下车钩组成；

(5)沿牵引梁纵方向压缩从板及缓冲器，卸下钩尾框从板及缓冲器组成。

3. 17型车钩缓冲装置分解步骤：

(1)分解钩提杆座螺母，取下钩提杆；

(2)分解钩尾销托梁、安全托板、钩尾框托板螺栓后取下钩尾销；

(3)卸下车钩组成；

(4)沿牵引梁纵方向压缩从板及缓冲器，卸下钩尾框从板及缓冲器组成。

4. 车钩弹性支撑装置外观状态良好时可不分解；外观状态不良或各零部件磨耗过限时应分解检修。

二、车钩缓冲装置分解

1. 车钩缓冲装置的配件须全部进行分解。钩体、钩尾框、钩舌、缓冲器应在单独的检修流水线上检修。

2. 分解时按照配件上标注的收入股道、台位建立“车钩检修卡”、“钩舌检修卡”、“钩尾框检修卡”和“缓冲器检修卡”填写收入信息。内容包括：收入日期、车型、车号、入线次数、台位、配件型号、检修编号、铸造单位、铸造日期、铸造编号等。

3. 分解后同种类、同型号配件应单独存放。

第四章　铁路货车零部件检查

第一节　铁路货车及零部件常见损伤

铁路货车在运用中，由于受到自然和使用条件的影响，自重、载重、冲击、振动的作用等，零部件不可避免地会发生变形、裂纹、磨耗、腐蚀和松动等，从而降低安全性能、影响使用性能、缩短使用寿命。因此，掌握铁路货车零部件的损伤规律，能够有效地开展检修工作，确保铁路货车状态良好。

铁路货车及零部件常见的损伤主要表现为变形、疲劳裂损、磨耗、变质和意外损坏5种。

一、变　　形

变形是指在载荷的作用下铁路货车零部件的几何形状改变，造成技术性能的降低或失效。这里变形主要指的是永久性变形，也称之为塑性变形。变形通常与载荷、使用时间、使用环境、材质等有关，此类故障常与变质故障伴生，也有因载荷过大或材料特性低而产生，也可能受非正常外力作用而产生。

变形多发生在受力较大或容易受到外力冲撞的部位，如车体各梁柱、墙板、地板处，车钩缓冲装置零部件，制动件连接部位等。

二、疲劳裂损

疲劳裂损是指零部件在载荷的作用下，产生裂纹并扩展而导致技术性能的降低或失效。疲劳裂损包括裂纹和裂纹发展到极限情况的裂断。疲劳裂损通常与铁路货车的运行里程、材质、载荷、列车质量、线路等级、运行速度以及使用时间有关。

疲劳裂损多发生在应力较大、受力较大、存在原始缺陷和受到交变载荷易疲劳的部位，如：焊缝、弯角、铸造缺陷、严重腐蚀、各孔处。随着大量投入使用高强度材料、改善设计结构、采用新的制造和检修工艺，疲劳裂损的发生率和损伤程度已有了很大程度改观，如：摇枕、侧架采用B级钢，车轮取消辐板孔等。

三、磨　　耗

磨耗是指由于摩擦件表面的状态、尺寸、形状和材质发生变化导致技术性能的降低或失效。配件磨耗通常分为摩擦副磨耗和非正常摩擦副磨耗，前者是指结构设计为常接触结构，后者是指结构设计为非摩擦结构。磨耗通常与铁路货车的运行里程、配件材质、载荷、运行速度、线路断面和等级有关。

磨耗多发生在零部件相互摩擦、接触处和转动部位，如心盘、车钩缓冲装置零部件、摇枕侧架摩擦部位、销轴连接部位。为解决磨耗问题，转动部位采用涂抹润滑脂等方法。随着大量高强度、高分子材料广泛使用，磨耗损伤已得到很大程度的遏制，如上下心盘之间采用尼龙心盘磨耗盘，车钩零部件采用E级钢制造，斜楔使用了高分子材料主摩擦板，立柱磨耗板使用45钢，制动梁采用尼龙滑块磨耗套，手制动机采用非金属定滑轮等。

四、变　　质

变质是指零件、油脂与外部介质发生化学反应而使零件的组织和性能发生不可逆变化产生技术性能的降低或失效。一般对金属类而言是指腐蚀，油脂类而言是指变质，对橡胶、高分子材料等合成材料类而言是指老化，对木材等植物制品类而言是指腐朽。变质通常与铁路货车使用时间、货物种类、使用环境和运行里程有关。

腐蚀是零件表面与周围环境介质发生化学或电化学反应产生的表面损伤现象。腐蚀容易发生于车体钢结构、空气制动零部件等经常与空气、水、运载介质等接触的部位。随着新材料不断投入使用，腐蚀的程度越来越低，范围越来越小，修理的范围和难度也在不断缩小，如：车体采用高强度耐候钢、不锈钢，管系采用磷化工艺等。

五、意外损坏

意外损坏指在设计未考虑的外力作用下零部件改变形状、位置以及结构而造成技术性能的降低或失效。常见形式有松动、丢失、外物击打裂断、磕碰伤等。意外损坏通常与事故、外物击打、使用中不正常的冲撞、装卸作业、拆卸、组装质量、材料质量等有关。

松动是指因螺纹连接或铆接部位的位置变化而造成的失效。丢失是指因连接破坏或人为拆卸而缺少配件，多是由于人为偷盗、松动等原因造成的。外物击打裂断、磕碰伤是由于受到非正常外力造成的。

第二节　车体检查

车体钢结构承担着车体本身的重量(质量)和货物载荷、车辆在运用中的动载荷、装载过程中的局部载荷等。车辆在上述静、动载荷的综合作用下，当运行一定时期后，钢结构将不可避免地产生变形、裂纹损伤；另外，金属材料也不可避免地产生磨耗、腐蚀等缺陷。钢结构损伤到一定程度后，会降低车辆的运用性能。

一、底架钢结构的检查

底架一般是由中梁(牵引梁)、侧梁、纵向辅助梁等纵向梁和枕梁、端梁、大横梁等横向梁、钢地板等组成。

检修时主要检查底架钢结构变形、腐蚀、裂纹和磨耗等几种损伤形式。钢结构检查一般在分解检查时进行，由工作者、工长、质检员分别对底架钢结构进行检查；检查时应由车辆一端开始，依次向另一端检查端梁、牵引梁、侧梁、枕梁、中梁、大横梁、钢地板等，对底架钢结构全面进行检查，发现故障需要确认时，上述人员共同进行鉴定、检测，并在故障部位的车体明显位置处用文字标注故障及施修方法，如图 4-1 所示。

图 4-1　底架故障标注示意图

底架钢结构常见损伤如下。

1. 变形

铁路货车底架常见的变形有：中梁、侧梁在枕梁间的下垂；牵引梁或枕梁外侧的侧梁上挠或下垂；中梁、侧梁左右旁弯及牵引梁甩头；金属辅助梁弯曲；钢地板凸凹不平等。

(1)中梁、侧梁在枕梁间的下垂

各型铁路货车若中梁、侧梁下垂变形过大，在车辆静、动载荷的综合作用下，梁件会早期发生裂纹，降低车辆使用寿命。同时，会影响车辆其他部件的正常工作，如出现制动缸过分倾斜、制动拉杆与大横梁发生接触而干涉基础制动装置、棚车车门无法关严等问题。

中梁、侧梁在枕梁间下垂的检测方法是将定位铁分别贴靠在中梁与1、2位枕梁结合处下翼板下边缘或侧梁与1、2位枕梁结合处腹板外侧下边缘，将测绳拉直，用钢直尺测量中梁或侧梁下垂最低点与测绳的垂直距离，如图4-2所示。

图 4-2　中梁、侧梁在枕梁间下垂检测示意图

1、2—定位铁；3—下垂量

(2)牵引梁或枕梁外侧侧梁的上挠或下垂

牵引梁或枕梁外侧侧梁的上挠或下垂是由于车端部的载重及运行中的纵向冲击力所造成的。多发生于运用时间较长，车体端部腐蚀较多的车辆上。它将影响底架与车体的连接强度以及车钩连挂尺寸，若上挠或下垂值过大，会造成两车辆间连接车钩中心高度差值过大，以致在运行中使车钩和底架产生附加弯曲，严重时会因车辆振动而发生脱钩事故。

牵引梁或枕梁外侧的侧梁上挠或下垂检测时须以两枕梁中心为测量基准拉

一线绳，测量牵引梁或枕梁外侧的侧梁上挠或下垂量。

(3)中、侧梁左右旁弯

车辆在正常运行中，由纵向力引起的车端变形是很小的。但是在调车冲击、紧急制动、变速运行等因素影响下，因冲击力加大，再加之缓冲器容量不足，纵向冲击力无法释放，便造成牵引梁部分或中、侧梁发生丧失稳定的现象(即水平弯曲)。由于多数新型铁路货车中梁结构由槽钢组焊改为乙型钢组焊，整体结构强度得到加强，原来牵引梁单独产生旁弯的现象几乎不会发生，多为车体一端的牵引梁和侧梁整体产生旁弯。

牵引梁过大的旁弯或甩头将影响车钩作用力的正确传递。例如，牵引梁甩头会造成缓冲器、从板偏斜或卡死，加大从板座的受力，从而发生铆钉松动或开裂现象。旁弯过大，纵向作用力传递将发生偏移，将使底架在有中、侧梁下垂情况下发生扭曲，并使与车体的结合强度降低。牵引梁部分发生凹凸变形的情况也是常见的一种水平弯曲形式。

(4)金属辅助梁弯曲

车辆在运用中发生集中载荷过大或在装载货物时发生向下冲击力过大时，会造成地板破损及金属辅助梁弯曲等故障，此类故障严重时会影响车辆的正常装载运用。金属辅助梁弯曲检测时需要在金属辅助梁与中梁和侧梁结合处下翼板下边缘拉测绳，用钢直尺测量测绳与金属辅助梁下平面最大弯曲处的垂直距离。

(5)钢地板凸凹变形

钢地板凸凹变形是敞车的常见故障，形成的原因主要是：

a. 经常装载比重较大的散状货物，如铁矿砂、矿粉等，并且地板载荷不平均，造成地板压强较大。

b. 地板腐蚀后强度下降。

c. 底架小梁弯曲，造成地板局部下沉。

d. 敞车装载集装箱，造成地板局部受力过大。

钢地板凸凹变形过大后，会改变钢结构的受力状态，造成与地板焊接的底架部件开焊，加剧车辆其他钢结构故障的产生。

2. 腐蚀

腐蚀易发生在质量不良或油漆保护层脱落处、结构上容易存水的焊缝处和两层及以上板材叠加处、受化学液体浸蚀处。当防腐措施不力，在带有锈层、油污或水汽的底架结构表面直接涂装防锈涂料时，更能较快的产生腐蚀损伤。如60 t级敞车的侧柱与侧梁采用热铆工艺，加热的铆钉将油漆涂装层烧损，水分极易通过铆接缝隙进入连接处，造成水分积存而引起腐蚀；目前70 t级铁路货车广泛采用冷铆工艺，克服了制造工艺的这一缺点。又如P_{62}型系列棚车门柱下部与侧梁组焊，其下加焊垫板，侧梁、门柱与垫板形成局部积存水和尘垢空间，造成车门处侧梁腐蚀。

腐蚀状态一般是以腐蚀深度及腐蚀面积进行定义的，用金属测厚仪检测腐蚀最深部位，计算较原形尺寸减少的百分数。各梁及盖板腐蚀检测以翼板以全宽的50%处为准，腹板以腐蚀最深处为准，均检测原厚度的减少量。边缘腐蚀或个别腐蚀凹坑超限时，不作为腐蚀深度的检测依据，但须焊修。

腐蚀测量部位：翼板以全宽的50%处为准，腹板以腐蚀最深处为准，均测量原厚度的减少量。边缘腐蚀或个别腐蚀凹坑超限时，不作为腐蚀深度的测量依据，但应焊修。

主要控制要素有：中梁、侧梁、端梁、枕梁、横梁翼板、腹板，侧梁、端梁与金属件（包括枕梁、横梁）接触处等。

3. 裂纹

底架裂纹大多产生在底架应力较大的部位，而这些部位又往往由于结构断面形状变化、焊缝复杂或开有铆钉孔、制动拉杆孔等造成应力集中。如枕梁与中梁焊接结点附近，由于枕梁承担的载荷大，心盘座组焊时又有多条焊缝交汇，焊缝纵横交错，应力集中，因而往往在枕梁腹板与中梁焊接根部和中梁隔板处产生裂纹，如P_{64}、P_{64A}型棚车在运用中，批量发现枕梁盖板出现焊缝裂纹，同时盖板裂纹延及枕梁腹板与中梁的对接焊缝出现裂纹。另外除设计不合理，使局部应力过大造成损伤外，还可能是因基体金属受到烧损，材质发生变化，或者在焊接前材质因下料、组装不合乎工艺要求，存在着内在的缺陷，再加上运用中超载，过大冲击等因素使结构产生裂纹。此外，梁件变形过大或腐蚀到一定程度后强度削弱也将导致裂纹产生，这种情况多发生在运用已久的旧型车上。

车辆运行中各梁产生的裂纹会继续扩大，甚至延及整个梁件断裂，造成运行事故，因而车辆底架各梁件不允许发生裂纹后继续运行。

4. 磨耗

底架上产生磨耗的地方不多，但在上心盘、上旁承、冲击座钩门处及牵引梁内侧面与缓冲器或前、后从板相接触处产生磨耗。磨耗是一种正常的损伤形式，但磨耗发生到一定程度后，会影响装配间隙，改变受力状态，甚至会衍生其他故障。如牵引梁内侧面磨耗后，减弱牵引梁强度而产生裂纹，或发生牵引梁外胀、凹入的现象。牵引梁内侧面的磨耗是由于缓冲器在中梁间位置偏斜时产生的，属于不正常磨耗，故大部分车辆在牵引梁内立面（与缓冲器或从板接触处）焊接了 10 mm 厚的磨耗板，正常检修时，只要更换磨耗板即可。

底架的损伤达到一定程度后就必须进行修理，以恢复各构件的工作条件，使车辆各部尺寸符合车辆限界，以保证行车的安全。底架的各种损伤并不都是孤立存在的，例如，中梁下垂后将会通过横梁造成侧梁不同程度的下垂，以至影响车体各梁件的变形，所以在检修中应注意它们之间的相互影响。

二、车体钢结构的检查

车体钢结构损伤的主要形式有变形、裂纹和腐蚀，主要控制要素包括侧墙、端墙、地板、车顶及车门板等。各型有棚货车和专用车的操纵室、押运间，车体门、窗检修前须进行透光检查，车顶金属板修补处须进行漏雨试验或渗漏试验。由工作者、工长、质检员分别对车体钢结构进行检查，检查时应由车辆一端的一侧开始，依次向另一端顺时针或逆时针进行检查，最终回到开始端，发现故障时在故障所在位置处用粉笔以文字形式标注故障，如图 4-3 所示。

图 4-3　车体故障标注示意图

1. 变形

车体钢结构变形是一种比较严重的车体损伤形式。钢结构变形后，会改变车体结构的受力状态，引发钢结构的早期疲劳，影响车辆的整体运用性能。变形严重时，不但会超出车辆限界，还会诱发车辆其他部位故障的产生，如车体倾斜会引起转向架载荷不平均，造成转向架及轮轴单侧发生非正常磨耗；牵引梁变形会影响车钩缓冲装置的作用；中、侧梁变形会引起车辆制动机作用不良等。铁路货车车体常见的变形有：端柱和侧柱外胀、敞车上侧梁弯曲、车门板变形、门折页弯曲、侧柱连铁弯曲、侧柱局部凹陷以及全钢车体的墙板外胀、端墙板压筋失稳变形、车体倾斜等。

（1）端、侧柱外胀。侧柱外胀多发生于敞车车体上，端柱外胀敞车、棚车均有发生。当端、侧柱根部发生腐蚀，焊接不良或本身刚度不够，在散装货物的侧压力以及运行中的冲击力作用下都会使端、侧柱发生外胀。

端、侧柱外胀后，将影响与底架的连接，降低原有强度，在端、侧柱根部发生焊缝开裂现象。严重的会造成货物失散，或超出车辆限界。

（2）车体墙板局部外胀。对于钢质敞、棚车车体，主要是车体侧墙板、侧柱连铁、侧柱腐蚀后，整体承载强度降低，在侧向力的作用下造成侧、端墙板局部胀出的现象。

引起端墙板局部外胀的主要原因是端柱或横带刚度不足外胀所致。棚车端墙只有上下方向端柱，敞车端墙只有横带，两端只与角柱焊接。因而横向刚度不足（指水平受力方向），经冲击后容易引起失稳而变形，角柱也因刚度较小随端柱或横带一起外胀。

端墙板外胀后，会造成墙板的开焊，使车体结构失稳；同时，外胀会影响上作用车钩的作用。

（3）车体倾斜。主要以横向倾斜为主，如图 4-4 所示。一般是由于偏载或货物加固不良产生侧向冲击力造成车体变形。另外，钢结构腐蚀变形，设计强度不

图 4-4　车体倾斜检测示意图

1—端梁；2—车体倾斜量；3—测量铅垂线

足造成底架扭曲，心盘偏磨、旁承游间过大等也能造成车体倾斜。

车体倾斜过大会改变车体钢结构的受力状态。在通过曲线时，车辆中部的偏移量加大，有可能超出车辆限界或发生与邻线机车车辆相撞的情况，或引起货物偏载，发生热轴事故，或造成车辆脱轨。

2. 腐蚀

腐蚀常发生在各梁件或板料的连接处和焊缝处。腐蚀是目前我国敞车的主要故障，因为敞车主要用于煤炭、矿石、砂石等的运输，货物不仅破坏了车体的油漆涂装层，而且煤炭、矿石具有腐蚀作用，加剧了车体的腐蚀。敞车腐蚀是全车范围，侧墙、端墙、车门及地板腐蚀较为普遍。棚车腐蚀部位大多在车顶、门窗、端侧墙板下部 300 mm 范围内。目前来说，对于腐蚀没有更好的解决方案，只有不断改进涂装工艺、采用新型金属材料，才能使敞车腐蚀严重的现象得到改善。

3. 裂纹

车体钢结构在运用中产生的裂纹一般发生在底架各梁焊接部位及底体架截面积薄弱部位；底体架的磨耗不常见，一般发生在牵引梁内。通常用焊接补强的方法恢复梁件的工作性能。常见于焊缝附近，主要是由于焊后有较大的内应力、变形或材料变质等原因造成，再加上运用中使用不当等使结构产生裂纹。

P_{64} 型棚车侧柱焊缝开裂现象较为普遍，主要原因是新造时对侧柱与侧墙板焊接使用自动焊机，焊角未达到图纸技术要求，焊缝存在气孔、不连续等焊接质量问题，运用时在货物撞击下焊缝极易开裂。

敞车门柱外侧加强板与侧柱连铁间焊缝极易开裂，主要原因是此处结构最弱，运用中，不长的焊缝随车体外胀或被货物直接撞击而开裂。

三、底架附属件的检查

底架附属件主要包括：用于安装制动装置的安装座及托架、用于安装卸料装置的托架、防火板、牵引梁内侧磨耗板、上部磨耗板、上心盘、绳栓等。由于底架附属件焊装或铆装于底架梁体上，大多为悬臂结构或仅配件顶部与梁体焊接的直立结构，不但承受着制动配件的重力作用，还要承受运用过程中车辆振动的载荷。底架附属件的常见故障为变形、裂纹或焊缝开裂、磨耗等。底架附属件检查同车体钢结构检查应同步进行，发现故障时在故障所在位置处用粉笔以文字形式标注故障。

1. 变形

主要控制要素有：杠杆将托架拉弯，前、后从板座变形，冲击座变形，脚蹬、绳栓、牵引钩等；其中制动杠杆托架变形要特别注意防止上述故障的发生。一是在分解检查时，注意托架是否弯曲，并观察托架的磨耗痕迹，托架弯曲时要测量托架的位置及尺寸是否符合图样；二是在基础制动装配时，正确装配制动杠杆及拉杆；三是空气制动机试验、人力制动机试验时注意观察杠杆的位置，能够根据制动倍率的换算关系早期判断出闸瓦极限厚度时制动杠杆的位置。

2. 裂纹或焊缝开裂

这种损伤形式是底架附属件的最常见故障。引起这种损伤的因素很多，但主要原因是底架附属件焊接后没有清除熔渣或没有油漆涂装，运用过程中焊缝腐蚀严重、强度下降。检修过程中不能简单地对焊缝开裂部位进行补焊，而要清除裂纹后重新焊接，或者更换配件。对于悬臂结构的配件，要仔细分析开裂的原因，是否存在强度不足的问题，否则在车辆运用后会再次开裂。同时，在底架附属件调修过程中，避免采用冷调的方法，调修后要再次检查底架附属件的焊缝。

主要控制要素有：上旁承焊缝、牵引梁内侧磨耗板、上部磨耗板焊缝开裂，前、后从板座、上心盘、冲击座裂纹等。

3. 磨耗

磨耗是正常的损伤形式，主要发生在杠杆或拉杆与底架附属件的接触部位。但在车辆检修、运用过程中要注意检查基础制动装置是否在一个平面上，如果不在一个平面上，可能会引起杠杆与底架附属件发生非正常磨耗，加剧底架附属件的损伤。

主要控制要素有：牵引梁内侧磨耗板、上部磨耗板、前、后从板座工作面、上心盘、上旁承磨耗板磨耗过限等。

车体检查后应将检查结果填入“货车检修记录单”内。

第三节　转向架各零部件检查

转向架构架经流水线上进行正位及翻转检查，对摇枕、侧架外表面及内腔、交叉支撑装置或弹簧托板、副构架等进行全面外观检查。摇枕、侧架及各部件检查后依据相关技术要求进行修理或更换。

一、转向架构架正位和翻转检查

由于转向架构架结构复杂，为便于发现转向架构架下部内腔各部故障，因此转向架构架须在流水线上进行正位及翻转检查，对摇枕、侧架外表面及内腔、交叉支撑装置或弹簧托板、副构架等进行全面外观检查。翻转位检查时，构架的翻转角度不小于 90°。为了保证检查程序执行到位，正位及翻转位检查用时各不得低于 3 min。检查后，应将检查结果填入“货车检修记录单”。

1. 正位检查

(1)重点检查部位

①侧架：导框弯角处、承载鞍(轴箱)支承圆脐上平面与侧架结合处、导框 A 区、三角孔周边、三角孔内腔、枕弹簧承台周边、立柱及磨耗板、中框上横梁、横跨梁安装座、制动梁滑槽及磨耗板、制动梁滑槽防脱板(焊结构)、斜楔挡板。

②摇枕：端部内腔、枕弹簧支承面、斜楔挡、斜楔摩擦面(含弯角)、下旁承座、下旁承座至上漏水孔(圆周)、内腔心盘销座、心盘安装座平面及螺栓孔、心盘安装座下面与摇枕侧面结合处、侧面、制动梁及横跨梁安全链座、固定杠杆支点座。

③弹簧托板：腹板、翼板及止挡孔周边。

(2)检查顺序

执行 14 步检查法(图 4-5)，检查超过摇枕、侧架纵向中心线 1/2 处。

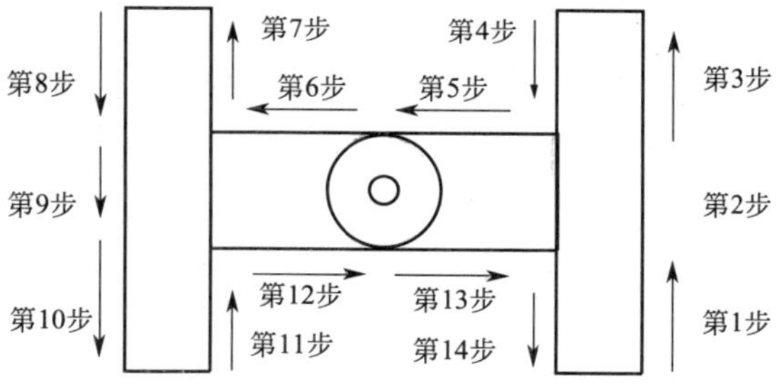

图 4-5　转向架正位检查顺序示意图

第一步：侧架导框(外侧)→导框弯角处(外侧)→侧架圆脐处(外侧)→A 区(外侧)→侧架上平面→三角孔周边和内腔(内侧)→支撑座和连接板(外侧)→交叉杆端头螺栓及双耳防松垫圈状态。见图 4-6。

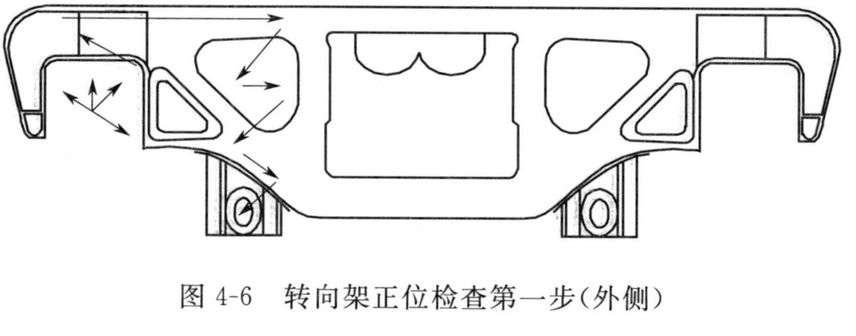

图 4-6　转向架正位检查第一步(外侧)

第二步：侧架中央方框左立柱、磨耗板及铆钉(折头螺栓)状态→侧架弹簧承台→侧架中央方框右立柱、磨耗板及铆钉(折头螺栓)状态→右摇枕挡(内侧)→摇枕头部(含内腔)→左摇枕挡(内侧)→摇枕弹簧支撑面→摇枕斜楔摩擦面磨耗板或分离式斜楔插板→侧架上平面。见图 4-7。

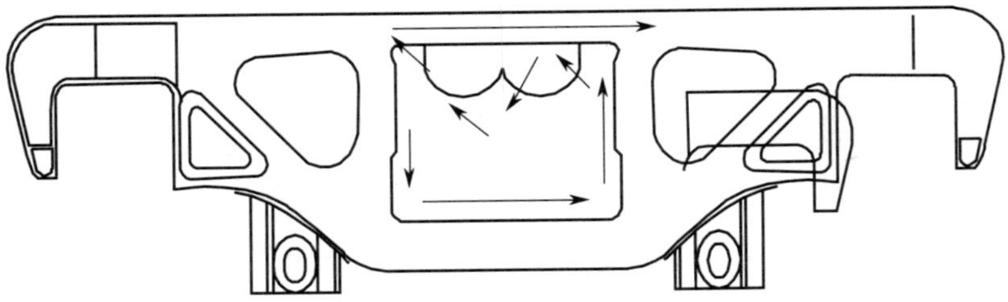

图 4-7 转向架正位检查第二步(外侧)

第三步:交叉杆端头螺栓及双耳防松垫圈状态→连接板及支撑座(外侧)→三角孔周边和内腔→侧架上平面→A 区(外侧)→侧架圆脐部(外侧)→导框弯角处(外侧)→侧架导框(外侧)→侧架头部端面。见图 4-8。

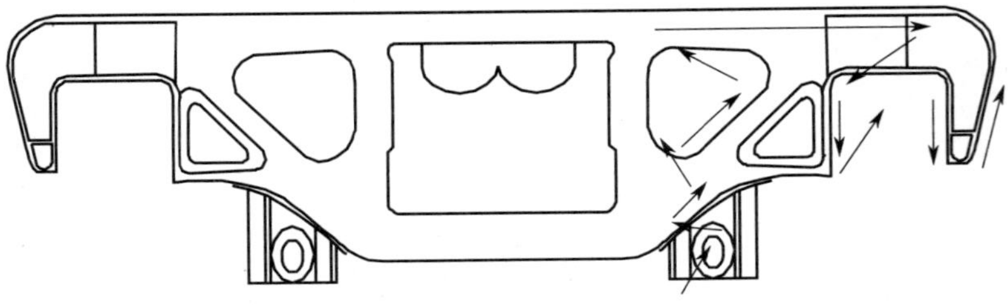

图 4-8 转向架正位检查第三步(外侧)

第四步:侧架导框(内侧)→导框弯角处(内侧)→侧架圆脐部(内侧)→A 区(内侧)→侧架上平面(内侧)→三角孔周边和内腔(外侧)→侧架内侧面→左摇枕挡(外侧)→侧架中央方框左立柱(内侧)→左斜楔挡→侧架弹簧承台(内侧)→侧架滑槽及磨耗板→支撑座(内侧)→轴向橡胶垫→交叉杆杆体环焊处。见图 4-9。

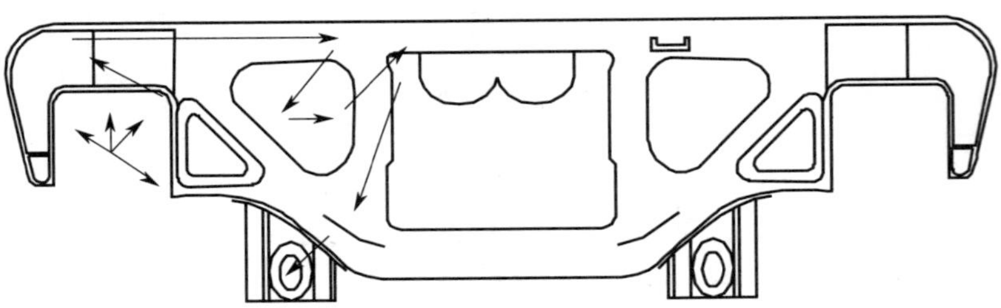

图 4-9 转向架正位检查第四步(内侧)

第五、六步:左下旁承盒及垫片→摇枕上平面(包括减重孔周边及内腔)→右下旁承盒→摇枕立面(包括下心盘座和摇枕过渡处)→安全链座→交叉杆杆体压型处(左侧)→交叉连接螺栓及焊缝(外侧)→交叉杆杆体压型处(右侧)或弹簧托板上面。见图 4-10。

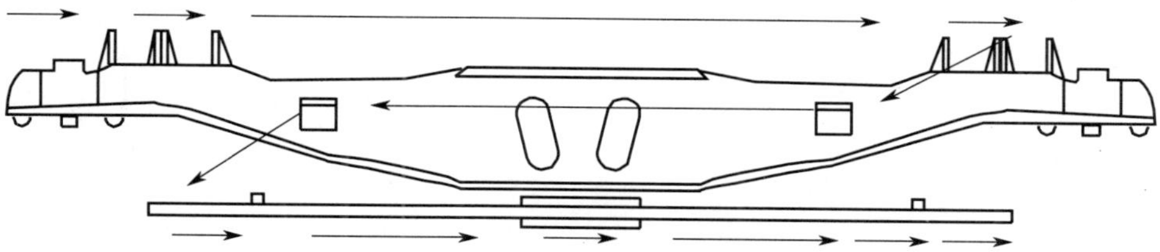

图 4-10　转向架正位检查第五、六步

第七步:交叉杆杆体环焊处→轴向橡胶垫→支撑座(内侧)→侧架滑槽及磨耗板→侧架弹簧承台(内侧)→侧架中央方框右立柱(内侧)→右斜楔挡→右摇枕挡(外侧)→侧架内侧面→三角孔周边和内腔(外侧)→侧架上平面(内侧)→A 区(内侧)→侧架圆脐部(内侧)→导框弯角处(内侧)→侧架导框(内侧)→侧架头部端面。见图 4-11。

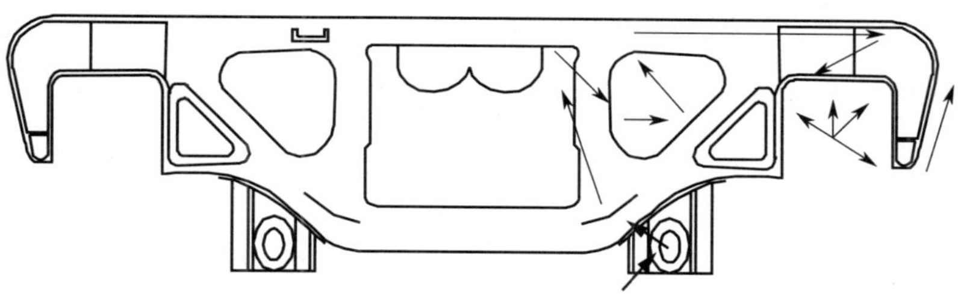

图 4-11　转向架正位检查第七步(内侧)

第八步:侧架导框(外侧)→导框弯角处(外侧)→侧架圆脐处(外侧)→A 区(外侧)→侧架上平面→三角孔周边和内腔(内侧)→支撑座和连接板(外侧)→交叉杆端头螺栓及双耳防松垫圈状态。见图 4-12。

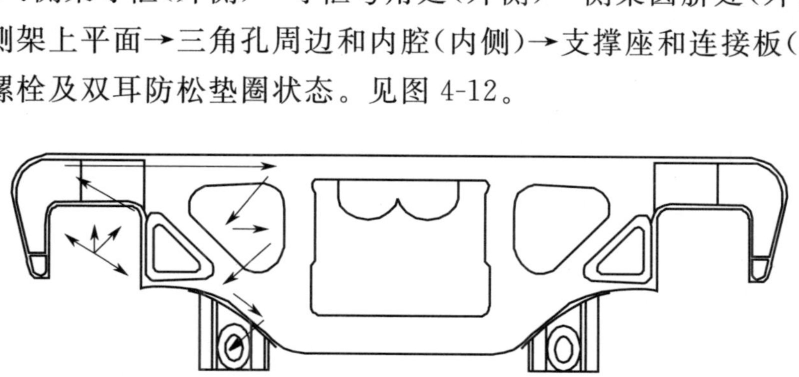

图 4-12　转向架正位检查第八步(外侧)

第九步:侧架中央方框左立柱、磨耗板及铆钉(折头螺栓)状态→侧架弹簧承台→侧架中央方框右立柱、磨耗板及铆钉(折头螺栓)状态→右摇枕挡(内侧)→摇枕头部(含内腔)→左摇枕挡(内侧)→摇枕弹簧支撑面→摇枕斜楔摩擦面磨耗板或分离式斜楔插板→侧架上平面。见图 4-13。

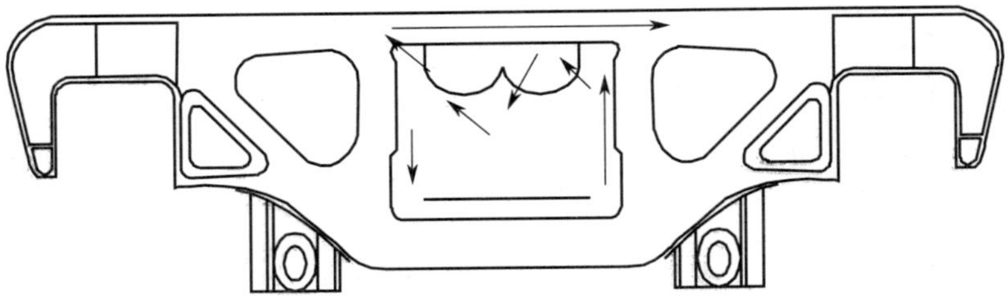

图 4-13　转向架正位检查第九步(外侧)

第十步:交叉杆端头螺栓及双耳防松垫圈状态→连接板及支撑座(外侧)→三角孔周边和内腔→侧架上平面→A 区(外侧)→侧架圆脐部(外侧)→导框弯角处(外侧)→侧架导框(外侧)→侧架头部端面。见图 4-14。

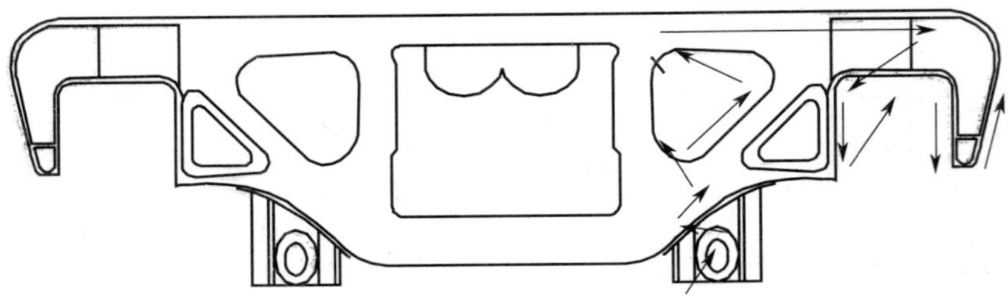

图 4-14　转向架正位检查第十步(外侧)

第十一步:侧架导框(内侧)→导框弯角处(内侧)→侧架圆脐部(内侧)→A 区(内侧)→侧架上平面(内侧)→横跨梁安装座→侧架内侧面→三角孔周边和内腔(外侧)→左摇枕挡(外侧)→侧架中央方框左立柱(内侧)→左斜楔挡→侧架弹簧承台(内侧)→侧架滑槽及磨耗板→支撑座(内侧)→轴向橡胶垫→交叉杆杆体环焊处。见图 4-15。

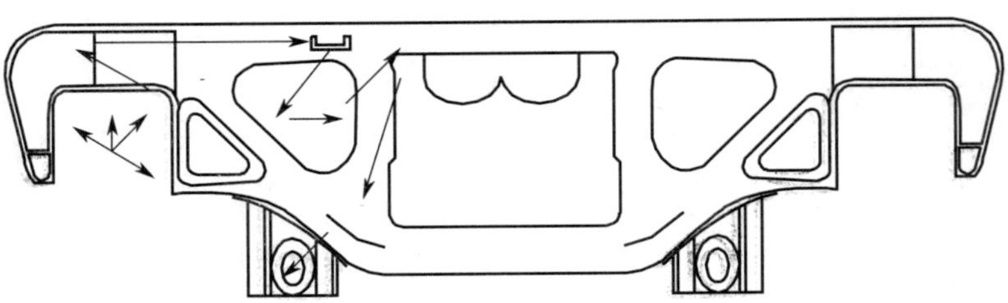

图 4-15　转向架正位检查第十一步(内侧)

第十二、十三步:左下旁承盒及垫片→摇枕上平面→右下旁承盒→摇枕立面→安全链座和固定杠杆支点座→尼龙滚套→安全链吊座→交叉杆杆体压型处(左侧)→交叉杆盖板、连接螺栓及焊缝(外侧)→交叉杆杆体压型处(右侧)或弹簧托板上面。见图 4-16。

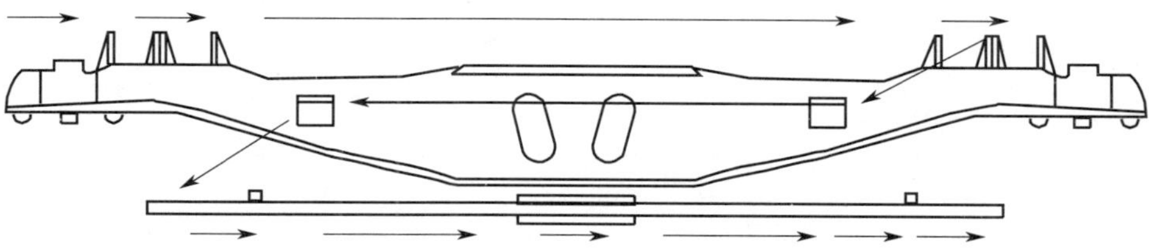

图 4-16　转向架正位检查第十二、十三步

第十四步：交叉杆杆体环焊处→轴向橡胶垫→支撑座（内侧）→侧架滑槽及磨耗板→侧架弹簧承台（内侧）→侧架中央方框右立柱（内侧）→右斜楔挡→右摇枕挡（外侧）→侧架内侧面→三角孔周边和内腔（外侧）→横跨梁安装座→侧架上平面（内侧）→A 区（内侧）→侧架圆脐部（内侧）→导框弯角处（内侧）→侧架导框（内侧）→侧架头部端面。见图 4-17。

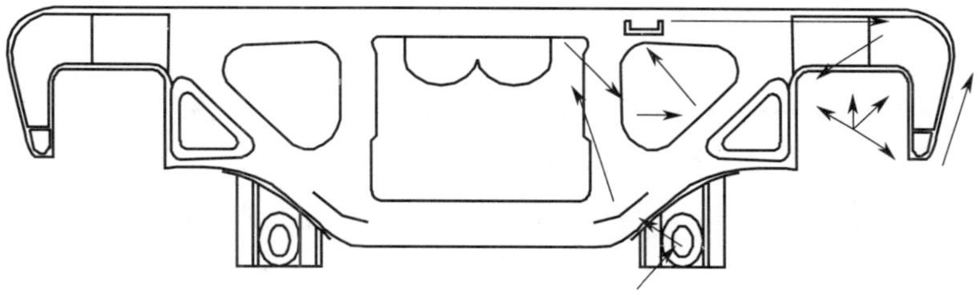

图 4-17　转向架正位检查第十四步

2. 翻转位检查

(1)重点检查部位

①侧架：A 部位及下面 B 部位漏水孔周边、摇枕弹簧座下面、底平面。

②摇枕：B 部位两漏水孔周边、A 部位漏水孔周边、内腔中心销座内平面、弹簧座与摇枕底面过渡弯角处；

③交叉支撑装置：端头螺栓（母）、双耳防松垫圈、轴向橡胶垫、橡胶锥套（转 K1 型）、交叉杆杆体（重点是压型处和环焊处）、盖板（扣板）、连接螺母及盖板（扣板）焊缝。

(2)检查顺序

翻转前应检查摇枕、侧架上无易滑落物件，夹紧装置卡紧，确认安全可靠后方可进行翻转；检查顺序：共 4 步。见图 4-18。

第一、四步：侧架整个 B 区部位的侧面和底部（包括减重孔周边及内腔）、支撑座及轴向橡胶垫。见图 4-19。

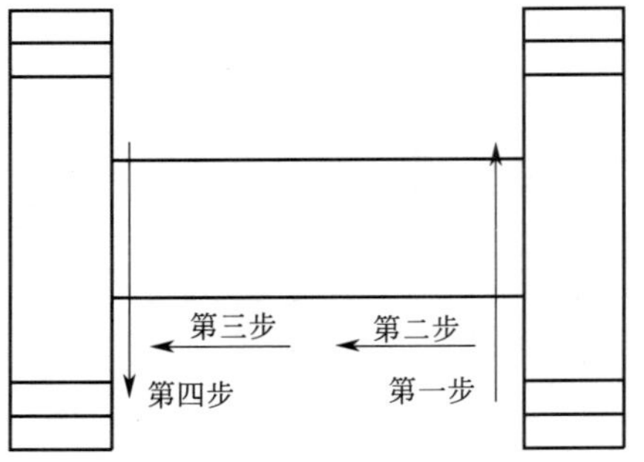

图 4-18 转向架翻转检查顺序示意图

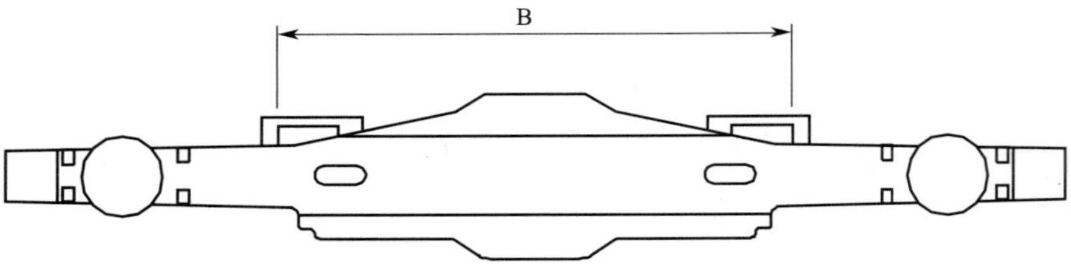

图 4-19 转向架翻转检查第一、四步

第二、三步：摇枕 A 区(弹簧承台弯角过渡处)→交叉杆杆体(右侧)→摇枕 B 区(减重孔周边及心盘座下平面)→交叉杆盖板及焊缝→摇枕 A 区(排水孔周边及内腔)→摇枕 B 区(减重孔周边及心盘座下平面)→交叉杆杆体(左侧)或弹簧托板下面→摇枕 A 区(弹簧承台弯角过渡处)。见图 4-20。

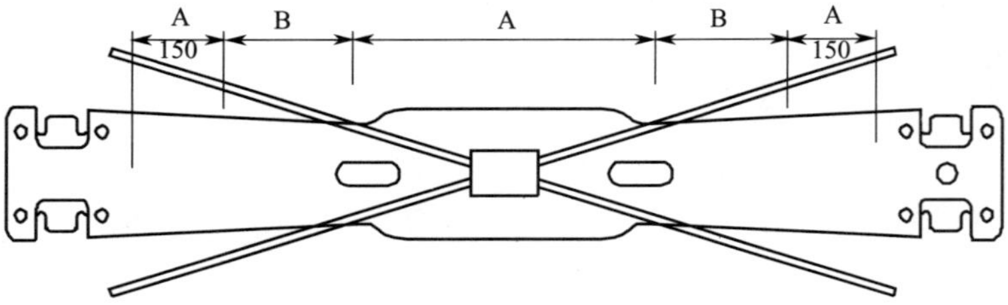

图 4-20 转向架翻转检查第二、三步

3. 摇枕检查重点控制要素

(1)确认摇枕制造标记

①检查制造单位、时间标记是否齐全；

②检查摇枕使用年限是否满足寿命管理要求。

(2)摇枕裂纹的检查

①采用外观检查或探伤的方法，检查确认 A、B 区裂纹情况。以转 K2、转 K6 型摇枕为例，摇枕 A、B 部位如图 4-21 所示。

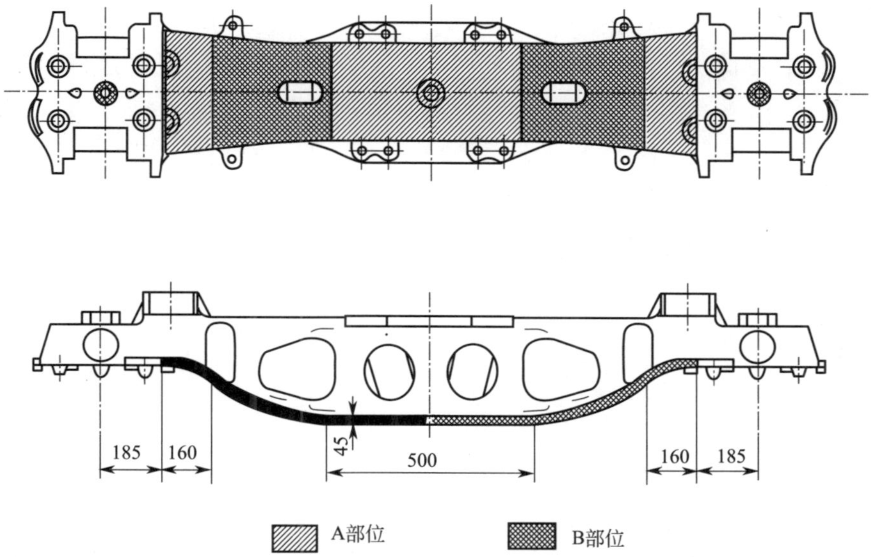

图 4-21　转 K2、转 K6 型摇枕 A、B 部位示意图

②检查内壁加强筋、心盘销座、摇枕挡、下旁承盒等部位是否存在裂纹，并判断相应的修程进行检修。

③摇枕故障一般多发生在 A、B 部位，如摇枕底面泥心孔靠近中央端的边缘附近，摇枕底面中心排水孔附近，下旁承体所在摇枕截面附近；摇枕内部心盘加强筋与平面交接处；摇枕下心盘安装平面与摇枕立面弯角 100 mm 以内；心盘销孔边缘等部位，如图 4-22～图 4-25 所示；有时也发生在心盘座螺栓孔、摇枕挡和

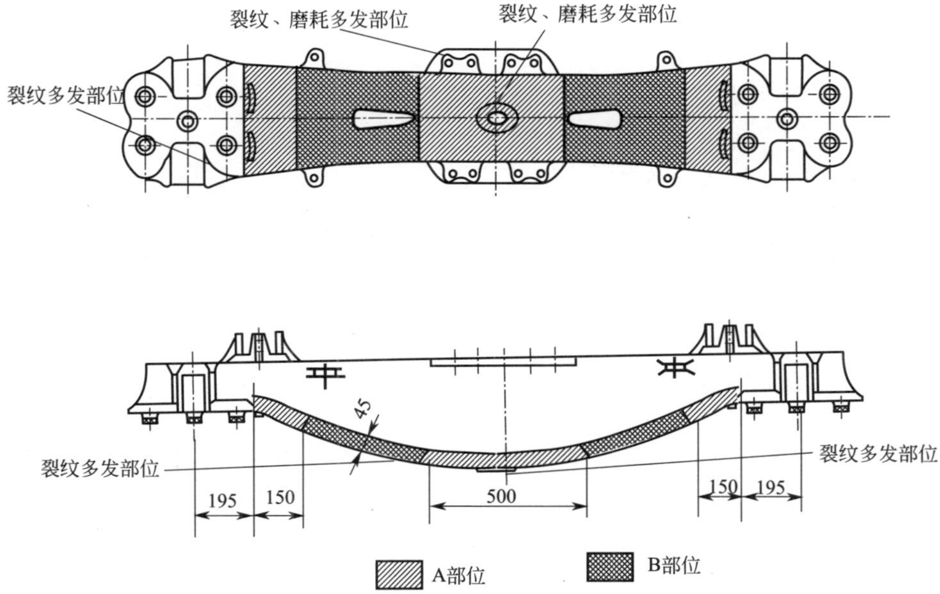

图 4-22　转 8A 型摇枕故障易发部位示意图

斜楔槽弯角处、摇枕弹簧定位脐根部、制动梁安全链座、固定杠杆支点座等变部位。运用 20 年及以上的转 8A 摇枕已接近疲劳期,裂纹故障较多,应重点检查。

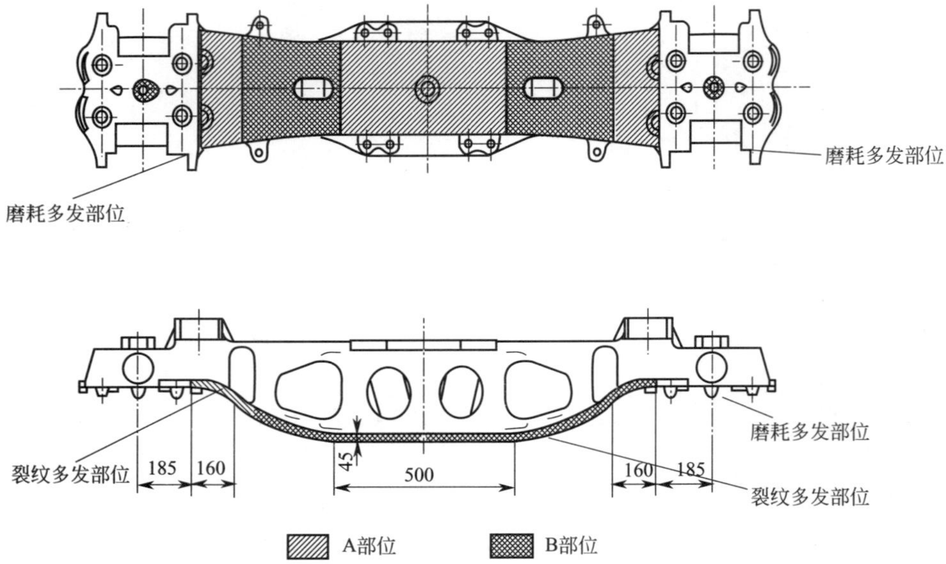

图 4-23　转 K2、转 K6 型摇枕故障易发部位示意图

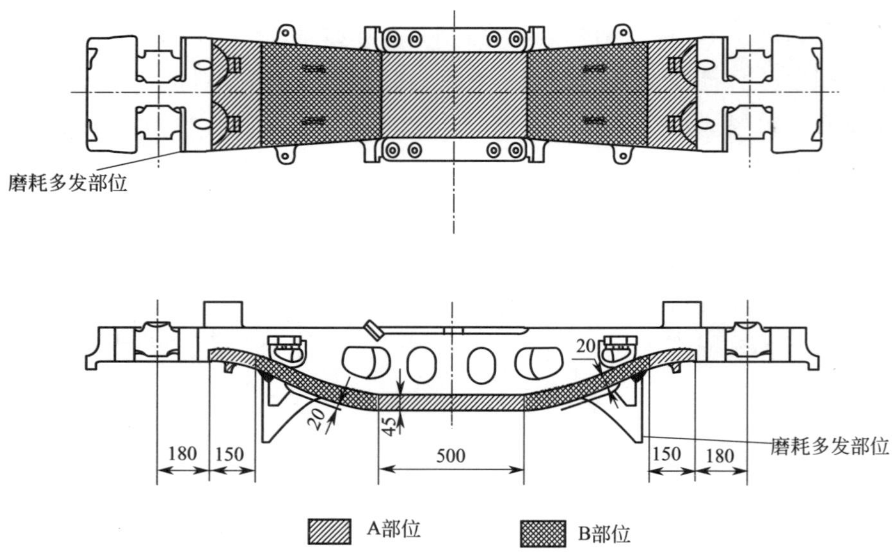

图 4-24　转 K4、转 K5 型摇枕故障易发部位示意图

④摇枕常见裂纹故障示例,如图 4-25 所示。

(3)摇枕各部位尺寸和磨耗的检查

检测摇枕各部尺寸和磨耗部位不超限,检查项目见表 4-1。

(a)摇枕 A 区工艺孔边缘裂纹

(b)摇枕 B 区工艺孔边缘裂纹

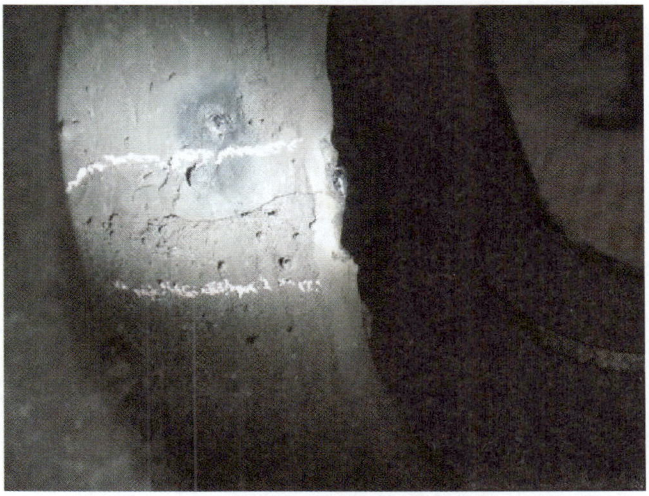

(c)摇枕内部加强筋裂纹

图　4-25

(d)摇枕铸造砂眼

图 4-25　摇枕常见裂纹故障图例

表 4-1　摇枕各部尺寸和磨耗部位检测项目

序号	检　测　项　目	序号	检　测　项　目
1	摇枕挡内、外表面距离	8	摇枕斜楔摩擦面磨耗板磨耗
2	摇枕斜楔槽内、外表面距离	9	转 8AG、转 8AB 型转向架摇枕斜楔摩擦面有铸台者每侧与样板间隙及间隙差
3	摇枕心盘螺栓孔磨耗		
4	摇枕心盘销孔磨耗	10	摇枕上拉杆托架组成的含油尼龙滚套外表面磨耗
5	横跨梁安全链吊座剩余厚度		
6	横跨梁安全链吊座链孔上边缘宽度	11	摇枕导向凹槽立面磨耗深度
7	固定杠杆支点座圆销孔或衬套直径磨耗		

4．侧架检查重点控制要素

(1)确认侧架制造标记

①检查制造单位、时间标记是否齐全；

②检查侧架使用年限是否满足寿命管理要求。

(2)侧架裂纹的检查

①采用外观检查或探伤的检查方法，检查确认 A、B 区裂纹情况。以转 K2、转 K6 型侧架为例，侧架 A、B 部位如图 4-26 所示。

②检查侧架弯角处、支撑座等部位是否存在裂纹，支撑座、侧架、交叉杆连接

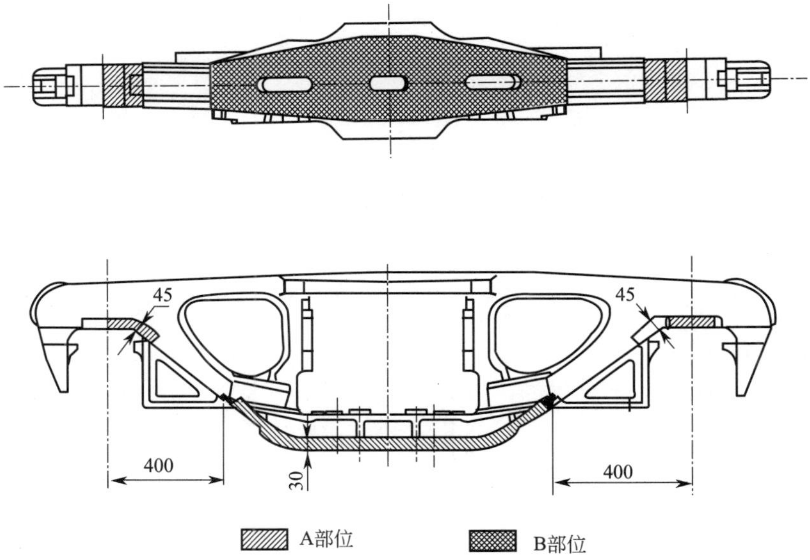

图 4-26　转 K2、转 K6 型侧架 A、B 部位示意图

板间等焊接部位是否存在焊缝开焊。

③侧架故障一般多发生在 A、B 部位，承载鞍承台圆脐上平面与侧架结合处，导框三角孔周边，三角孔内腔铆钉孔及立柱弯角处，摇枕弹簧承台周边，侧架立柱及立柱磨耗板，中央方框上弦梁，下斜弦梁内外侧，制动梁滑槽磨耗板、斜楔挡、交叉杆支撑座及周边焊缝、横跨梁托等部位，如图 4-27、图 4-28、图 4-29 所

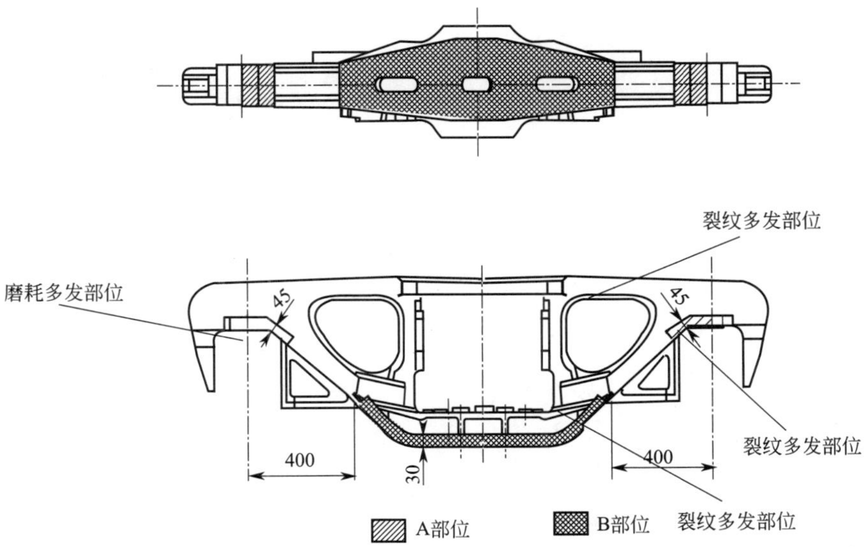

图 4-27　转 8A 型侧架故障易发部位示意图

示。运用20年及以上的转8A型侧架已接近疲劳期，裂纹故障较多，应重点检查。

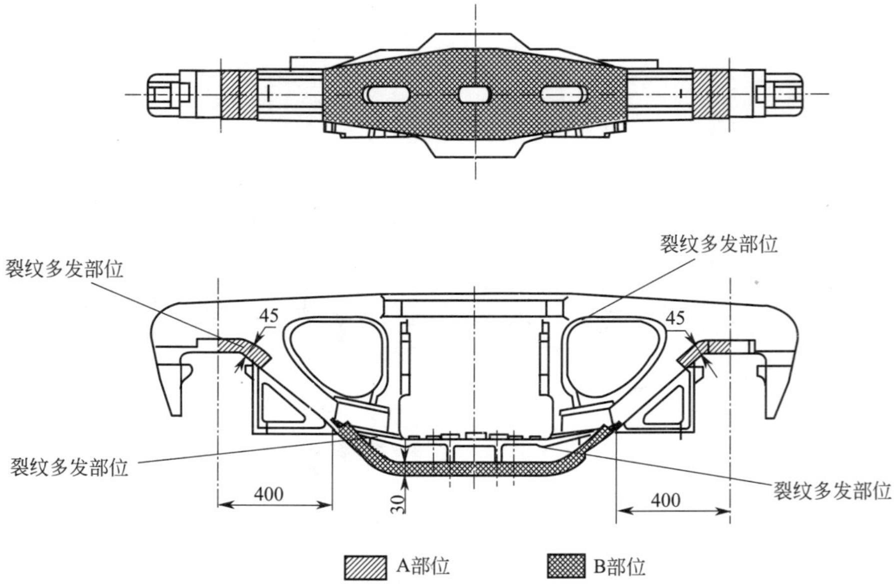

图4-28　转K2、转K6型侧架A、B故障易发部位示意图

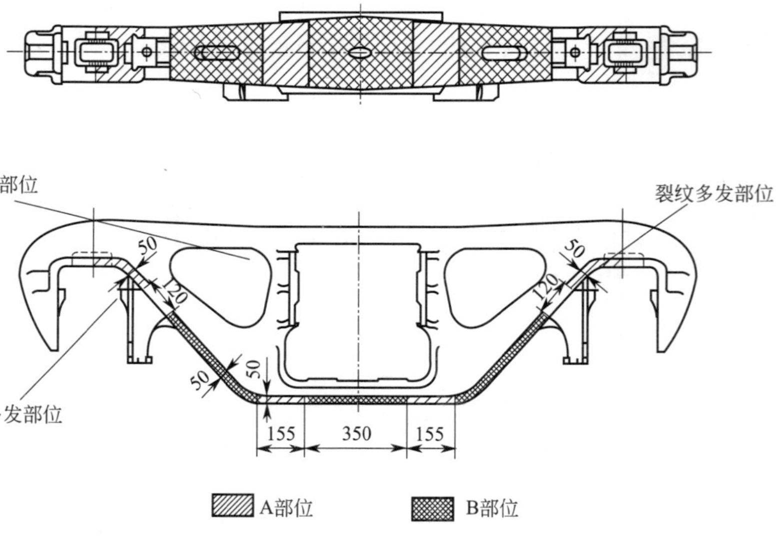

图4-29　转K4、转K5型侧故障易发部位示意图

④侧架常见裂纹故障示例，如图4-30所示。

(3)侧架各部位尺寸和磨耗的检查

检测侧架各部尺寸和磨耗部位不超限，检查项目见表4-2。

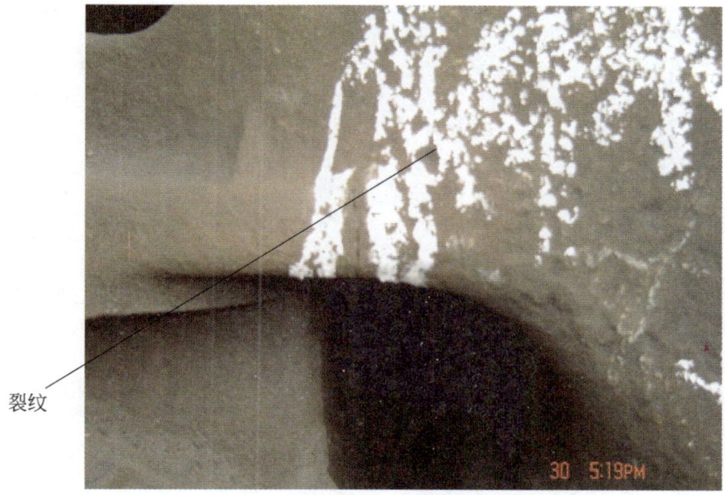

(a)侧架 A 区上弦梁弯角裂纹

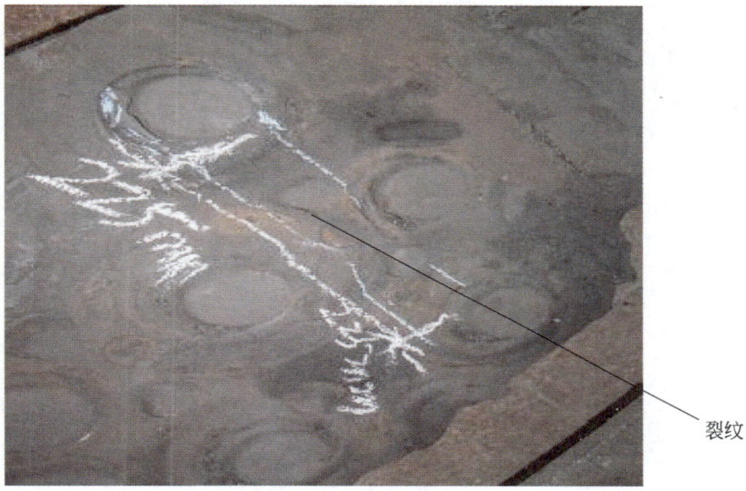

(b)侧架 B 区弹簧承台裂纹

(c)侧架三角孔裂纹

图　4-30

(d)转 8A 型侧架导框磨耗

(e)转 K2 型侧架铸造缺陷

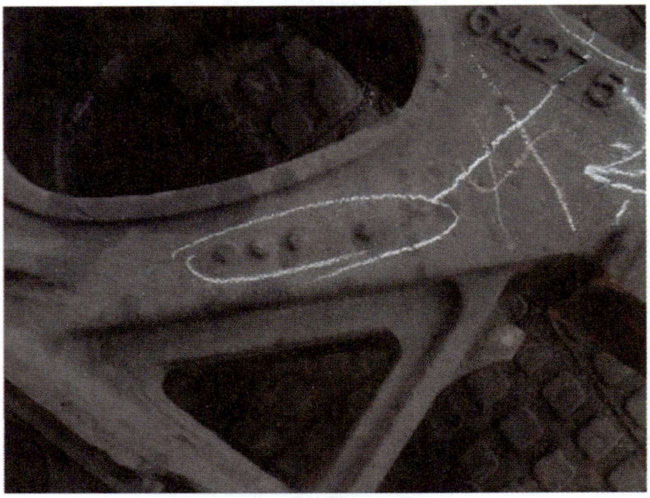

(f)转 K2 型侧架铲豆缺失

图 4-30　侧架常见裂纹故障图例

表 4-2　侧架各部尺寸和磨耗部位检测项目

序号	项　目	序号	项　目
1	导框两侧摩擦面单侧磨耗(含局部磨耗)深度	13	侧架制动梁滑槽磨耗板磨耗深度
2	导框两侧摩擦面磨耗深度之和	14	侧架立柱磨耗板磨耗深度
3	导框内侧面磨耗(含局部磨耗)深度	15	侧架立柱磨耗板折头螺栓紧固力矩
4	侧架导框导台两侧摩擦面单侧磨耗(含局部磨耗)深度	16	侧架立柱磨耗板铆钉窝边缘处的剩余量
		17	横跨梁托腐蚀深度
5	侧架导框导台两侧磨耗深度之和	18	横跨梁托孔径磨耗
6	侧架导框导台两内挡面距离磨耗之和	19	支撑座腐蚀深度
7	支承面磨耗	20	保持环腐蚀、磨耗深度
8	支承面偏磨	21	转 E21 转向架弹性交叉杆支座腐蚀深度
9	铸钢侧架承载鞍支承面剩余高度	22	转 E21 转向架弹性交叉杆支座销孔直径磨耗
10	铸钢侧架承载鞍支承面磨耗板磨耗	23	K4、K5 转向架导框摇动座圆弧面磨耗
11	承载鞍支承面或磨耗板平面与导框内侧摩擦面未磨耗部位的垂直度	24	侧架立柱与摇枕挡内表面配合处磨耗深度
		25	控制型侧架两旋转止挡凸耳纵向磨耗
12	侧架立柱与摇枕挡内表面配合处磨耗深度	26	控制型侧架与摇枕外挡接触部凸台磨耗

(4)检查侧架附属件

①制动梁滑槽及滑槽磨耗板:卡入式滑槽磨耗板是否存在裂纹;转 K5、转 K6 型侧架制动梁滑槽是否有防止制动梁脱出挡块;检测转 8A、转 8AG、转 8AB 转向架侧架滑槽宽度。

②检查侧架立柱磨耗板:检查立柱磨耗板是否存在丢失、裂损或松动;检测立柱磨耗板磨耗是否超限。

③检查支撑座及保持环:支撑座是否存在裂纹及支撑座、侧架、连接板间焊缝是否开裂;保持环腐蚀、磨耗深度是否超限。

④检查横跨梁托:是否变形和存在裂纹;腐蚀深度是否超限;螺栓孔径是否磨耗超限。

⑤检查转 8A、转 8G、转 8AB、转 8B 型侧架斜楔挡是否弯曲变形和存在裂纹。

⑥检查转 K4、转 K5 型侧架中部下弦杆上平面限制摇动座摆动角的凸台面磨耗情况。

5. 交叉支撑装置检查重点控制要素

(1)检查交叉支撑装置:

①检查交叉杆各部是否存在裂纹,交叉支撑装置其他配件状态;确认轴向橡胶垫使用时间,判断是否需要更换;交叉支撑装置各部状态良好时可不分解。

②检查杆体擦伤及碰伤深度,变形量。

③对分解后的交叉杆及疑是裂纹的交叉杆进行分解,采用专用探伤设备对交叉杆进行全面磁粉探伤检查。

(2)交叉支撑装置常见故障:

交叉杆杆体重点检查压型处和环焊缝处、盖板或扣板、连接螺母及盖板或扣板焊缝。交叉支撑装置常见故障如图 4-31 所示。

(a)交叉杆焊缝开裂

(b)交叉杆杆体压窝处裂损

图 4-31

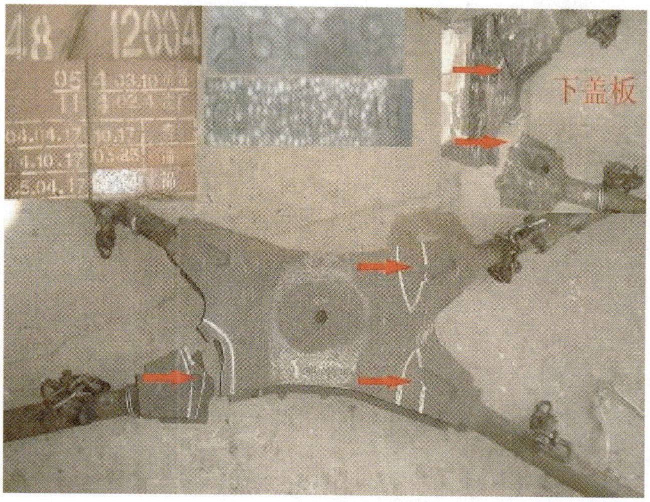

(c)交叉杆盖板裂损

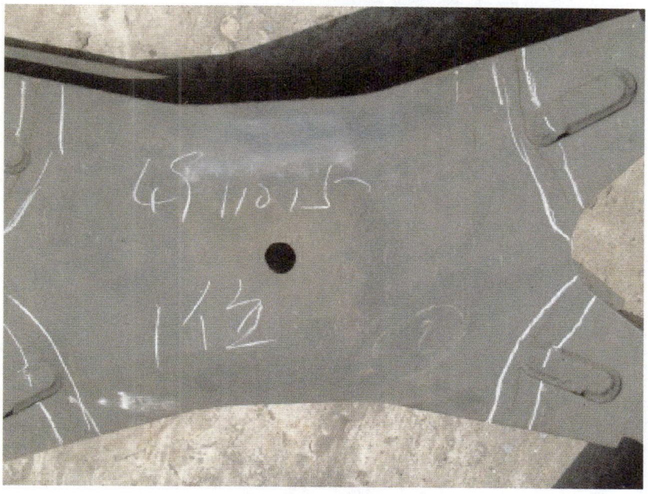

(d)交叉杆盖板裂纹

(e)交叉杆端头环焊缝欠焊

图 4-31 交叉支撑装置常见故障图例

二、摆动装置检查

1. 摆动装置裂纹的检查

(1)弹簧托板可随摇枕、侧架进行正位及翻转检查,对摇动座及摇动座支撑进行分解检查,对疑是裂纹的弹簧托板,可配合使用磁粉探伤进行确认;导框摇动座观状态良好时可不分解。

(2)摇动座 A、B 部位及耳轴圆弧面采用磁粉探伤方法进行检查,如图 4-32 所示阴影部位。

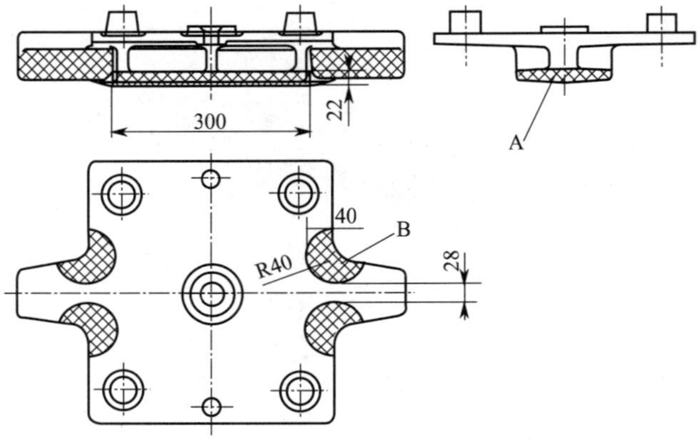

图 4-32　摇动座 A、B 部位探伤示意图

2. 摆动装置磨耗及变形检查

(1)检测摇动座摇动轴下部圆弧面磨耗及摇动座中央脊背部上平面弯曲变形是否超限。

(2)检测摇动座支承内圆半径弧面磨耗是否过限。

3. 摇动座裂纹一般发生在 A、B 部位,如图 4-33 所示。

三、承载鞍及轴箱橡胶垫检查

1. 承载鞍检查

(1)外观检查承载鞍裂纹和变形,鞍面应光滑,各部位不得有焊修痕迹。

(2)使用微控自动检测设备或专用检测器具检查各部位磨耗:

①承载鞍顶面偏磨深度,承载鞍顶面磨耗;

②承载鞍导框挡边单侧磨耗,双侧磨耗之和;

③承载鞍导框底面单侧磨耗,双侧磨耗之和;

④鞍面径向(半径)磨耗;

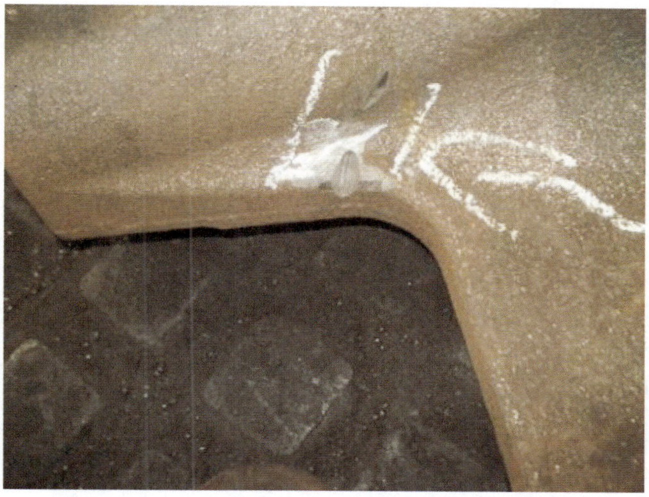

图 4-33　摇动座 B 部裂纹

⑤转 K4、K5 型导框挡边内侧面横向距离；

⑥推力挡肩两端磨耗；

⑦转 E21 型承载鞍弹簧挡边根部磨耗。

2. 轴箱橡胶垫检查

(1)检查轴箱橡胶垫有无制造单位、时间标记，检查是否符合寿命管理的要求。

(2)检查轴箱橡胶垫表面裂纹深度和长度是否不超限。

(3)检查轴箱橡胶垫上的铜绞线是否折断和丢失。

3. 承载鞍常见故障

承载鞍常见故障如图 4-34、图 4-35 所示。

图 4-34　转 K6 承载鞍裂纹

图 4-35 转 K5 承载鞍磨耗

四、斜楔检查

1. 检查确认斜楔的制造标记，组合式斜楔体应有生产厂代号标识；同一辆车的斜楔材质及型式应一致。

2. 检查斜楔体及主摩擦板是否存在裂纹和缺损。

3. 检测斜楔主摩擦面或磨耗板、斜楔副摩擦面磨耗。

五、圆弹簧检查

各型钢质摇枕弹簧、减振弹簧应逐个进行外观检查，并在自动检测设备或平台上测量，检查的项目有：

1. 检查是否存在折断、裂损，弹簧支承圈应达到 5/8 圈；

2. 圆弹簧自由高；

3. 圆弹簧圆钢直径腐蚀及磨耗。

六、下旁承组成检查

1. 旁承外观检查：

旁承须从摇枕下旁承盒中整体取出进行外观检查。橡胶旁承体或非金属磨耗板使用时间须在寿命期内；检查旁承座、旁承磨耗板是否裂损；弹性旁承体裂纹应在检修限度范围内。

2. 检查各部位的磨耗和间隙不超限。检查的项目有：

(1)旁承座与滚子轴接触凹槽磨耗；

(2)旁承座底面、侧面磨耗；

(3)旁承滚子外径径向磨耗、腐蚀深度；

(4)旁承滚子与滚子轴的间隙；

(5)旁承磨耗板磨耗深度；

(6)下旁承磨耗板上平面与滚子上部(JC-1 型弹性旁承为支承磨耗板顶面)距离；

(7)转 8AG、转 8G、转 K1、转 K2(旧型)型下旁承组成旁承座与滚子轴接触凹槽磨耗；

(8)BD 型旁承体上部、下部底平面距离。

3. 下旁承组成常见故障如图 4-36、图 4-37 所示。

图 4-36 JC 型旁承体裂损

图 4-37 BD 型旁承体裂纹

七、下心盘、心盘磨耗盘及中心销检查

1. 下心盘

下心盘分解后，检查心盘表面裂纹是否超限，心盘是否变形，使用样板检查心盘平面磨耗和直径磨耗是否超限。

2. 心盘磨耗盘

(1)检查心盘磨耗盘使用寿命是否符合寿命管理要求。

(2)检查心盘磨耗盘表面裂纹长度是否超限，有导电柱的心盘磨耗盘还须检查导电柱是否丢失。

(3)使用量具检查心盘磨耗盘厚度和立面磨耗是否超限。

3. 心盘中心销

外观检查中心销裂纹和弯曲，使用样板检查中心销直径磨耗是否超限。.

4. 下心盘常见故障如图 4-38、图 4-39 所示。

图 4-38　下心盘贯穿横裂纹

八、横跨梁及附件检查

1. 横跨梁检查

横跨梁组成须分解检查，检查横跨梁各部是否存在裂纹和破损，在全长范围内的弯曲变形不超限，使用样板量具检查横跨梁螺栓孔径向磨耗、触板磨耗是否超限。

2. 安全装置检查

检查安全吊链是否存在裂纹，横跨梁安全链安装螺栓是否滑扣，使用样板检

图 4-39　下心盘圆周裂纹

图 4-40　横跨梁裂损

查横跨梁安全吊链座剩余厚度和安全吊链环圆钢直径磨耗深度是否超限。

3. 附件检查

检查调整垫板是否存在裂纹，使用样板调整垫板孔径磨耗、调整垫板的厚度是否超限，检查定位螺栓是否破损和滑扣。

4. 常见故障

横跨梁常见故障为裂纹、变形，如图 4-40 所示为横跨梁裂损。

九、轮轴检查

1. 外观检查：

外观状态检查应在转轮器上进行。根据外观状态检查结果，判定轮对轮轴及滚动轴承的修程。并按规定涂打标记。轮轴外观状态检查包括以下内容：踏面外观状态；轮缘外观状态；轮辋内、外侧外观状态；辐板内、外侧外观状态；轮毂内、外侧外观状态；轴身外观状态；轴承开盖后车轴轴端中心孔、螺栓孔状态；轴承退卸后轴颈、防尘板座状态；轴承开盖后的轴端钢印状态；各类车轴使用年限。

2. 尺寸测量：

车轮直径允许在转向架分解前测量，其余各部尺寸必须在转向架分解后测量。根据各部尺寸测量结果，确定修程。并按规定涂打标记。轮轴尺寸测量包括以下内容：轮辋宽度；轮对内距；轴身直径；轮座直径；轮辋厚度；车轮直径；轮缘厚度；踏面圆周磨耗；踏面辗宽；轮缘垂直磨耗；踏面剥离、擦伤情况；轮缘根部检测；如遇脱线轮对轴承退卸后必须补充测量轴颈弯曲度和轴身弯曲度。

3. 按照收入基本信息建立“轮轴卡片”(车统—51C)。

4. 轴承检查：

(1)轴端检查：根据轴端标志板，确认轴承是否需退卸；检查防松片、施封锁工作状态是否良好。

(2)外观检查测量：检查轴承及附件外观状态；对不退卸轴承逐套进行转动检查，经轴承诊断装置检测或人工转动轴承有异音、卡滞或其他不正常现象时必须退卸轴承；测量各型铁路货车轴承，轴向游隙超限时必须退卸轴承。

(3)退卸轴承必须在“货车轴承退卸记录单”上认真填写退卸记录。

(4)修程判定

逐套核对轴承退卸标记、原始标记，检查轴承技术状态，认真判定修程。

(5)涂打标记

退卸轴承应根据修程判定在轴承外圈上涂打标记。

(6)退卸轴承编号

需退卸的一般检修、大修、报废轴承均应在轴承外圈上书写退卸轴承编号。

5. 磁粉探伤：

(1)所有入段检修的轮轴、轮对均须进行复合磁化荧光磁粉探伤检查。

(2)探伤检查部位

①车轴外露部位(轮轴不退轴承时，防尘板座及轮座外侧的外露部位除外)。

②车辆颠覆或脱轨事故卸下轮对的车轴外露部位。

③有辐板孔车轮的内侧辐板孔部位。

④轴颈、防尘板座及轴身再加工部位。

(3)按规定对裂纹进行处理。

6. 超声波探伤

(1)轮轴、轮对需按下列规定施行超声波探伤检查：

①无轴箱双列圆锥滚子轴承40钢车轴的轮轴、轮对第一次组装时间达到5年，50钢车轴的轮轴、轮对第一次组装时间达到6年，有轴箱圆柱滚子轴承轮轴、轮对第一次组装时间达到4年，每次施行段修及以上修程时，均须对轮座镶入部施行超声波探伤检查；如不退轴承时，还须对轴颈根部或卸荷槽部位施行超声波探伤检查。

②车辆颠覆或重车脱轨(包括机冷车脱轨)时，均须对全车轮对车轴施行全轴穿透探伤检查和轮座镶入部超声波探伤检查。

③轮轴不退卸轴承时须施行两次超声波探伤检查，第二次须采用手工作业方式对全轴施行超声波穿透探伤检查、轴颈根部或卸荷槽施行小角度超声波探伤检查，两次探伤作业不得由同一探伤人员完成。

④轮轴检修时，凡打开轴承前盖作业的(经外观检查状态良好，需旋轮者除外)，须对车轴施行超声波穿透探伤检查和轴颈根部或卸荷槽施行超声波探伤检查。

⑤对原施封锁丢失或破损及2003年1月1日至2007年12月31日期间第一次组装的RD_2型(RE_{2B}型除外)及其他型轮轴(轮对)在铁路货车段修时，均须打开前盖对车轴施行全轴穿透探伤检查、对轮座镶入部施行超声波探伤检查；如不退卸轴承时，还须对轴颈根部或卸荷槽部位施行超声波探伤检查。

⑥轮对段修时，须对检修的车轴施行全轴穿透探伤检查。

⑦凡经轮轴微机控制超声波自动探伤机探伤检查的轮轴、轮对发现缺陷时须经手工超声波探伤复验，探伤结果以手工为准。

(2)按规定对探伤不良轮对进行处理。

7. 轮轴检查后，应逐项填写“轮轴卡片”(车统—51C)。

第四节　制动装置检查

一、基础制动装置检查

1. 对基础制动装置的杠杆、拉杆、圆销、衬套、闸调器、制动梁等配件外观状态及尺寸检查；闸调器使用超过质量保证期时应大修。

2. 基础制动装置现车检查的重点是各销孔及衬套的磨耗、圆销直径磨耗、各安全吊及托滚吊的吊板厚度、托滚及套管磨耗、缓解阀拉杆直径磨耗、缓解阀拉杆焊接质量等。

3. 复核制动倍率。制动倍率是指制动效率为100%时的理论闸瓦总压力与制动缸活塞的推力之比值,如图 4-41 所示。

制动倍率的计算公式:转 8A 型转向架整车制动倍率$=9.96\times\frac{L1}{L2}$

转 K2 型转向架整车制动倍率$=8\times\frac{L1}{L2}$

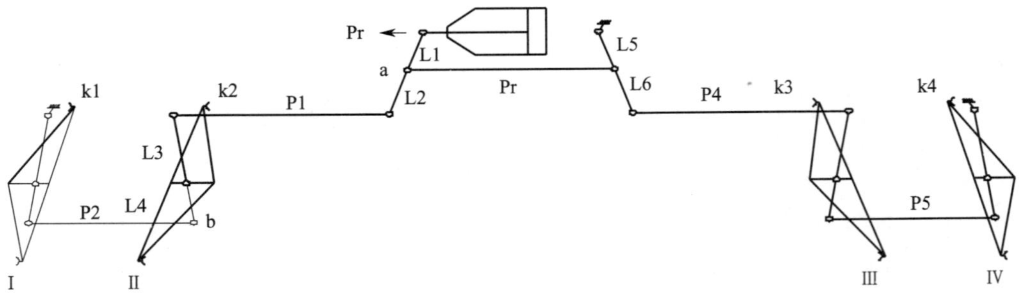

图 4-41　制动倍率计算示意图

4. 制动梁检查

(1)对槽钢制动梁滚子轴外露部位、L-A 型、L-B 型组合式制动梁闸瓦托滑块根部及 L-C 型制动梁端头进行除锈,除锈后表面清洁度须达到 GB/T 8923 规定的 Sa2 级,局部不低于 Sa1 级,对规定部位进行湿法磁粉探伤检查。

(2)对制动梁架、槽钢、支柱、夹扣、铆钉、螺栓、闸瓦托、安全链等外观状态进行检查。

(3)对制动梁全长、两闸瓦托中心距、两闸瓦托中心至支柱中心距离差、支柱孔中心至闸瓦托弧面中心距、两闸瓦托扭曲、闸瓦托倾斜度、磨耗套、安全链螺栓等进行检测。

5. 基础制动装置检查后,应将检查结果分别填入"货车检修记录单"、"制动梁检修记录"。

二、现车空气制动装置检查

1. 空气制动装置现车主要检查各风缸、阀类安装座、管系、中间体、球芯截断塞门集尘器联合体、球芯折角塞门、脱轨自动制动装置等配件外观状态,并在单车试验时对空气制动装置性能状态进行全面检查。

2. 制动缸、储风缸及制动管系进行漏泄检查,并在各连接部位涂抹防锈显漏剂,判定漏泄情况。

3. 对空气制动配件安装座的安装状态进行检查;主管、支管、法兰体须检查外观状态及安装卡子,以及主管、支管与底架各梁间隙。

三、空气制动配件检查

1. 空气制动配件各阀类经过外观清洗、分解后，所有橡胶件均不再重复使用。

2. 对各阀配件外观尺寸及工作面进行检查，各阀类弹簧须在微控弹簧测力机上进行检测。

3. 编织制动软管外观检查，使用期限须在质量保证期内；检查连接器、软管等部位应良好，并进行风水压试验。

四、人力制动机检查

各型人力制动机须进行性能试验，检查作用状态。现车重点对制动轴、制动轴链及各拉杆、链环、滑轮及圆销进行检查。

第五节　车钩缓冲装置检查

一、现车钩缓配件检查

1. 13 号、13A 型、13B 型现车钩缓配件检查：检查车钩托梁、钩尾框托板、钩提杆、钩提链、钩提杆座外观状态及弯曲、磨耗。

2. 16 型、17 型现车钩缓配件检查：检查钩尾框托板、安全托板、钩尾销托板、钩尾销托、钩提杆座、钩提杆、开钩框、止挡铁、支承座内腔、支承弹簧外观状态及弯曲、磨耗。

二、车钩缓冲装置检查

1. 抛丸除锈

钩尾框、钩舌、上锁销组成、下锁销组成、钩锁、钩舌推铁、钩舌销、钩尾销、钩尾销插托检查前须进行抛丸除锈，外表面清洁度须达到 Sa2 级，局部不低于 Sa1 级。钩尾销螺栓须清除表面污垢。

2. 钩体检查

(1)钩体外观检查

①确认钩体制造标记应齐全，使用年限应符合寿命管理要求。

②清除钩腔内壁，冲击台、牵引台等易产生裂纹部位的污垢，对钩体外部、内腔进行翻转检查，疑是裂纹时应进行磁粉探伤确认。

③对钩身焊接的金属磨耗板焊缝及钩耳衬套进行检查。

④钩体裂纹易发部位如图 4-42 所示。

(a)钩舌尾承壁裂纹

(b)钩耳裂纹

(c)钩腕裂纹

图 4-42　钩体裂纹图例

（2）钩体检测

钩体测量项目主要包括钩身弯曲、钩身长度、钩耳孔或衬套孔直径磨耗、钩耳磨耗、防跳台磨耗、钩腕外胀、钩尾端部磨耗、钩尾端部高度、钩尾销孔磨耗、联锁套头或套口磨耗等。

3. 钩舌检查

（1）钩舌外观检查

①确认钩舌制造标记应齐全，使用年限应符合寿命管理要求。

②钩舌外观无裂纹及影响使用的制造缺陷。

（2）钩舌探伤检查

对钩舌内侧面及上、下弯角处进行磁粉探伤检查，如图 4-43、图 4-44 所示。普碳钢钩舌裂纹时报废；C 级钢、E 级钢钩舌裂纹在允许使用范围内时，应注明缺陷标识，修复后经复探合格后使用。

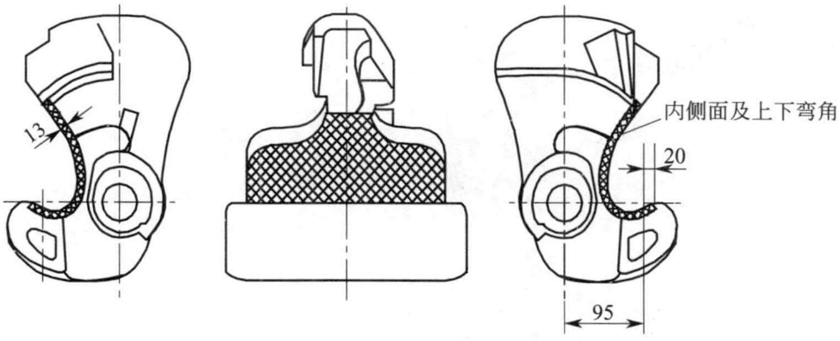

图 4-43　13 号、13A 型、13B 型钩舌探伤部位示意图

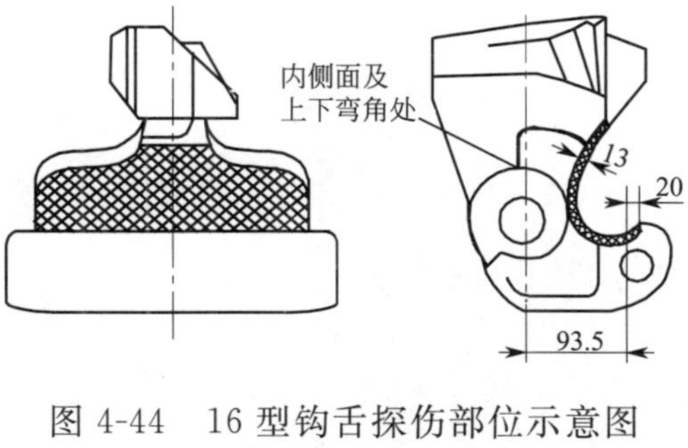

图 4-44　16 型钩舌探伤部位示意图

（3）钩舌检测

钩舌测量项目主要包括钩舌外胀、钩舌锁面磨耗、钩舌厚度磨耗或钩舌鼻部厚度磨耗、钩舌锁面磨耗、钩舌钩锁坐入量、钩舌销孔或衬套孔直径等。

（4）钩舌裂纹易发部位如图 4-45、图 4-46 所示。

4. 钩尾框检查

(1)钩尾框外观检查

①确认钩尾框制造标记应齐全,使用年限应符合寿命管理要求。

②对框身焊接的金属磨耗板焊缝及周围区域进行检查。

③钩尾框外观无裂纹及影响使用的制造缺陷。

(2)钩尾框探伤检查

对 16、17 型钩尾框前、后端上、下内弯角 50 mm 范围内及钩尾框两内侧面,如图 4-47、图 4-48所示;13 号、13A 型、13B 型钩尾框后端上、下弯角 50 mm 范围内及钩尾框两内侧面,如图 4-49、图 4-50 所示部位进行磁粉探伤检查。普碳钢的钩尾框裂纹时更换;C 级钢、E 级钢钩尾框裂纹在允许使用范围内时,应注明缺陷标识,修复后经复探合格后使用。

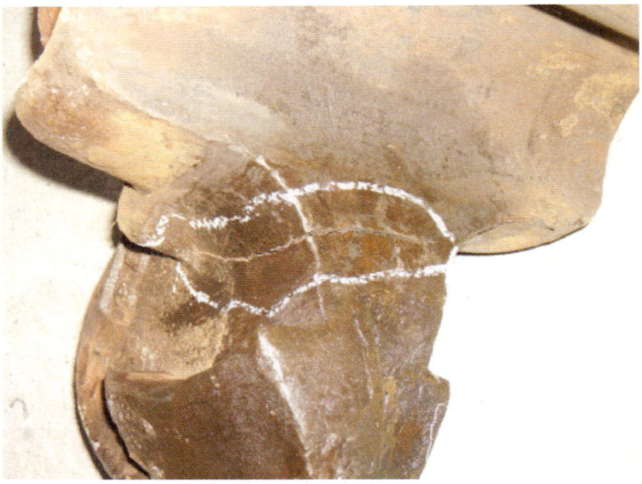

图 4-45　钩舌冲击凸肩裂纹

图 4-46　钩舌内腕裂纹

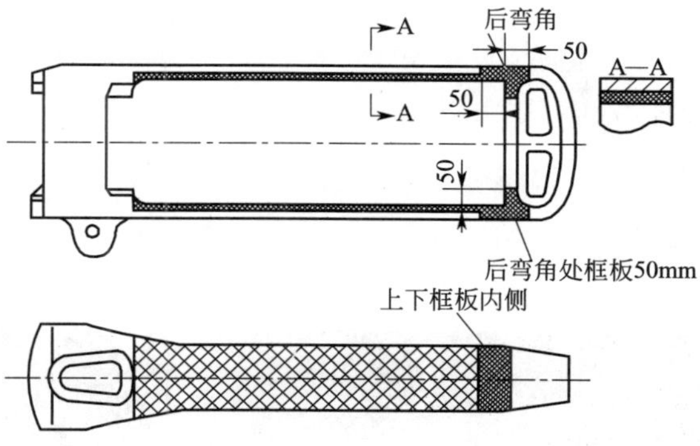

图 4-47　13 号钩尾框探伤部位示意图

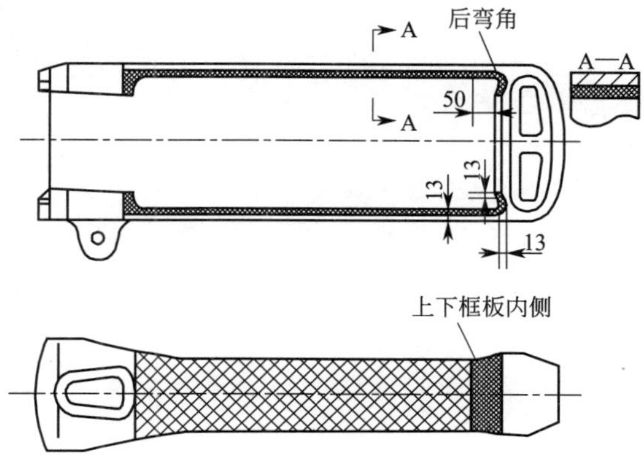

图 4-48　13A、13B 型钩尾框探伤部位示意图

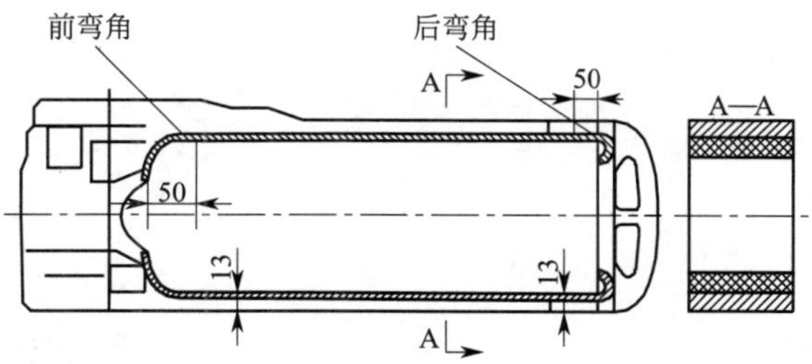

图 4-49　16 型钩尾框探伤部位示意图

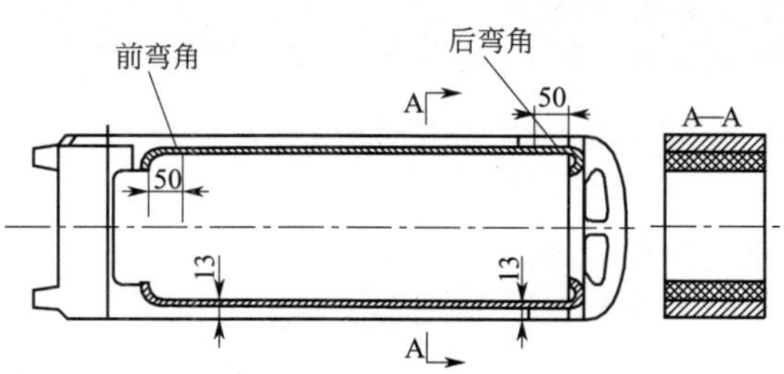

图 4-50　17 型钩尾框探伤部位示意图

(3)钩尾框检测

钩尾框测量项目主要包括钩尾框框身弯曲、钩尾框框身磨耗、钩尾框销孔直径磨耗、16 型钩尾框距前唇内侧直径、16 型钩尾框前唇厚度磨耗、16 型钩尾框前唇内侧到尾部内侧距离、钩尾框螺栓孔磨耗、框身磨耗板剩余厚度等。

(4)钩尾框主要裂纹故障如图 4-51、图 4-52 所示。

图 4-51　钩尾框后弯角裂折

图 4-52　钩尾框后弯角裂纹

5. 缓冲器检查

(1)确认缓冲器制造标记应齐全,使用年限应符合寿命管理要求;

(2)检查缓冲器制造或大修标记,超过大修期时应送厂大修;

(3)外观状态不良或自由高超限时送厂大修。

6．钩腔内配件检查

(1)上锁销组成检查

①上锁销组成须标记齐全，变形、裂纹或破损时报废。

②对上锁销组成进行灵活性检查，分别在提钩位、工作位、反转位进行检查，上锁销杆、上锁销、上锁提间应转动灵活，如图 4-53 所示。

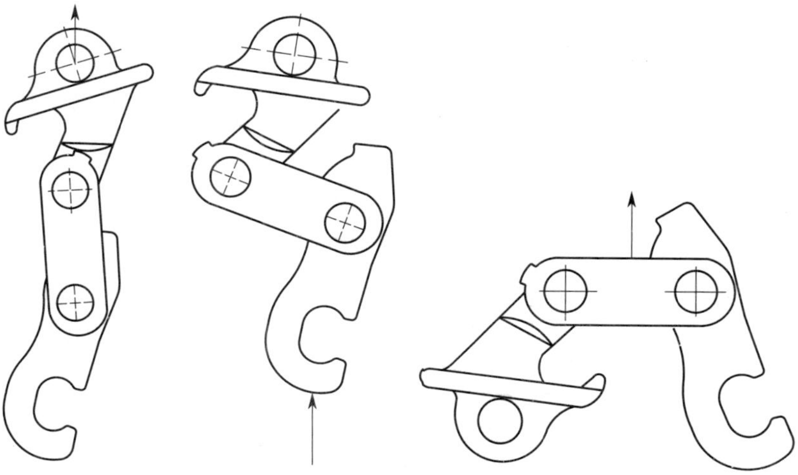

图 4-53　13 号上锁销组成检查示意图

③对上锁销杆长度、铆钉轴直径、组装间隙、挂钩口、上锁销防跳台、上锁销杆上端面的防跳台进行检测。

④上锁销组成不良时报废，不得修理。

(2)下锁销组成检查

①下锁销组成变形、裂纹或破损等缺陷时报废。

②对下锁销组成进行灵活性检查：16 型、17 型下锁销杆处于工作位置时摆动下锁销，下锁销能够自由转动至极限位置，铆钉与下锁销杆间不应转动，如图 4-54、图 4-55 所示。提起 13 号下锁销体，下锁销及下锁销钩能够自由下垂；翻转下锁销体，下锁销及下锁销钩能够自由转动至极限位置，如图 4-56 所示。13 号下锁销无防跳插销孔时加工。

③对下锁销组成进行检测，主要包括下锁销杆轴直径及长度、防跳部位等。

④下锁销组成不良时报废，不得修理。

(3)钩锁检查

①钩锁变形、裂纹、破损或止动块丢失时报废；

②对钩锁进行检测，包括钩锁锁面磨耗、开锁坐锁面磨耗、16 型钩锁止动块铆钉轴直径磨耗、13 号钩锁导向面磨耗、13 号钩锁挂钩轴磨耗。

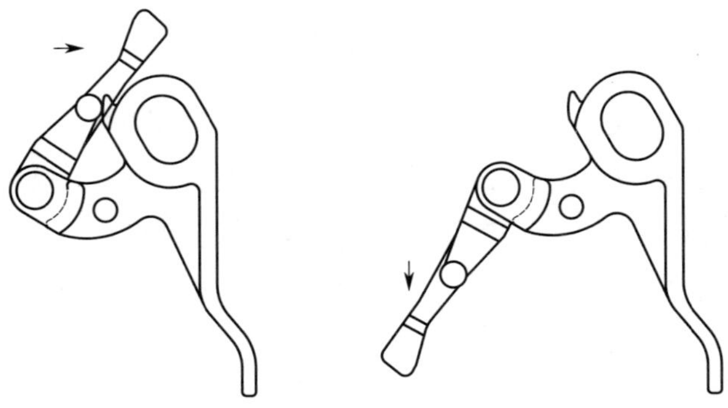

图 4-54　16 型下锁销组成检查示意图

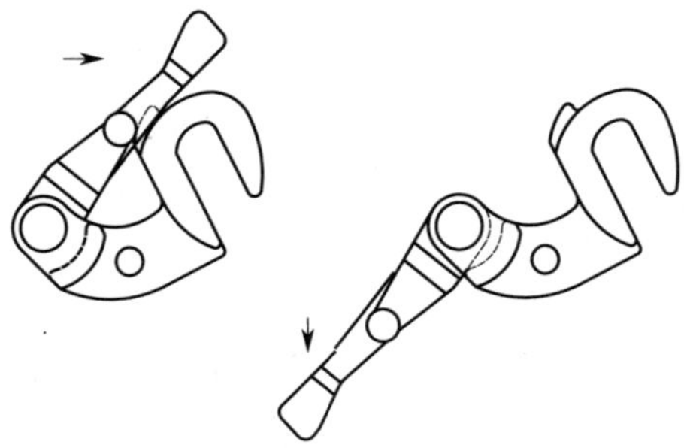

图 4-55　17 型下锁销组成检查示意图

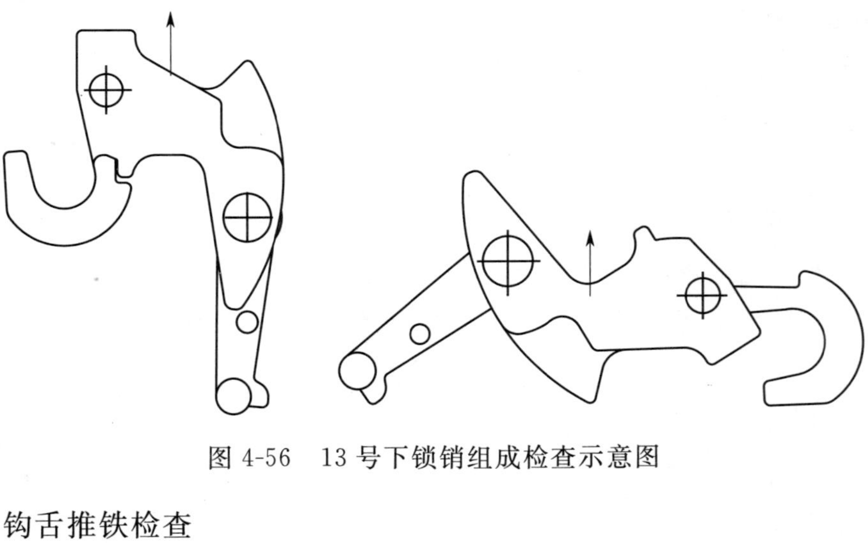

图 4-56　13 号下锁销组成检查示意图

(4)钩舌推铁检查

①钩舌推铁裂纹或破损时报废,弯曲时调修;

②对 13 号钩舌推铁轴及锁座处进行检测,磨耗超限时修理。

7. 车钩其他配件检查

(1)16 型转动套、钩尾销插托、钩舌销、钩尾销、钩尾销螺栓均应磁粉探伤检查，探伤部位如图 4-57～图 4-62 所示。

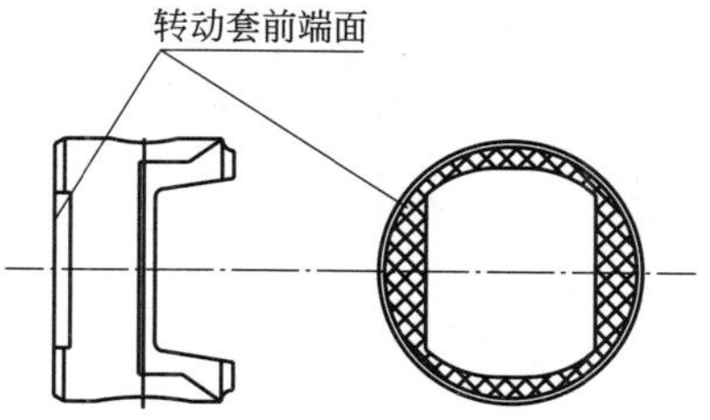

图 4-57　16 型车钩转动套磁粉探伤部位示意图

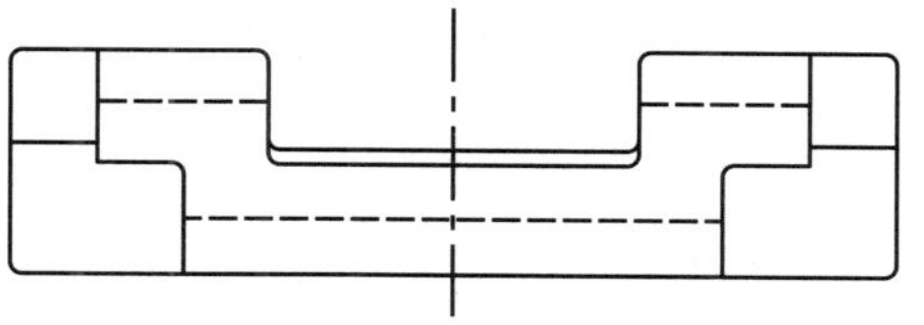

图 4-58　13B 型钩尾销插托探伤部位示意图

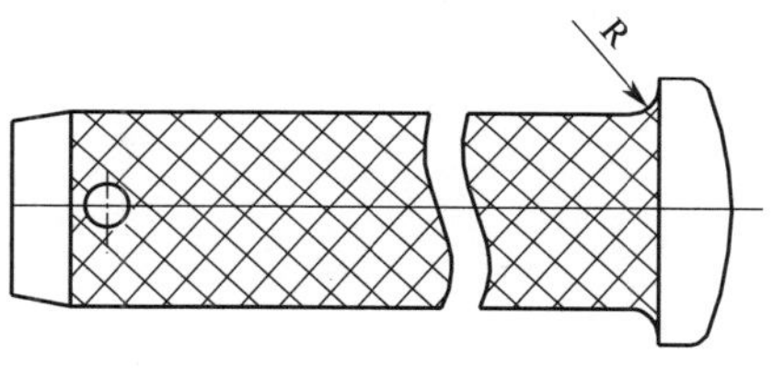

图 4-59　钩舌销探伤部位示意图

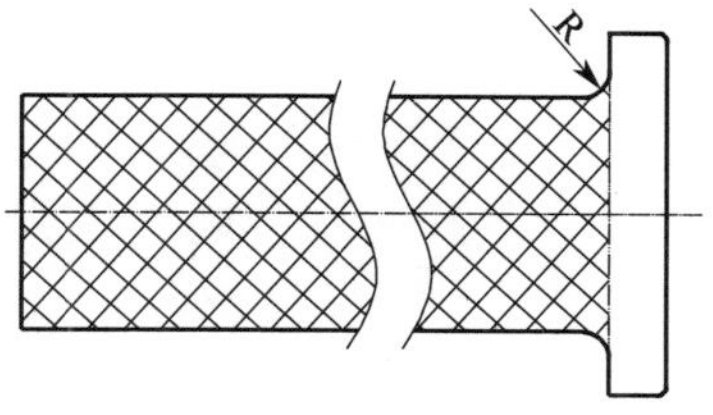

图 4-60　13 号钩尾销探伤部位示意图

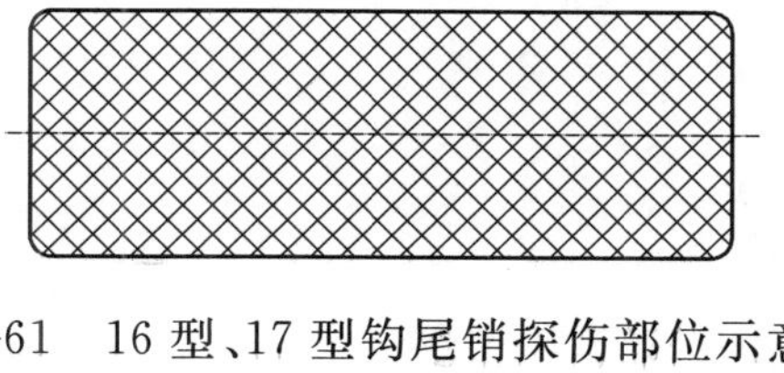

图 4-61　16 型、17 型钩尾销探伤部位示意图

(2)转动套前端面或销孔周围裂纹时报废；磨耗超限时修理或报废。

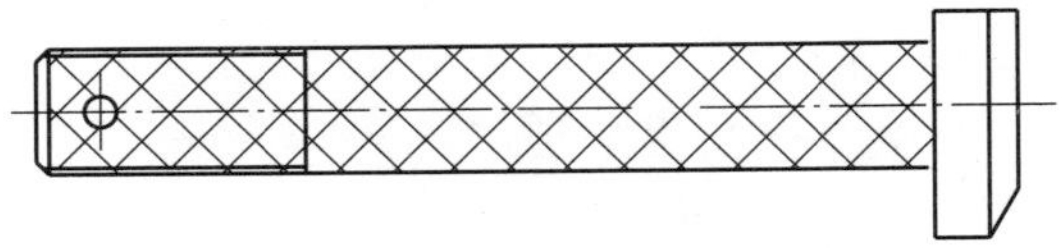

图 4-62　钩尾销螺栓探伤部位示意图

(3)钩尾销插托裂纹时焊修或报废;磨耗超限时报废。

(4)钩尾销、钩舌销、钩尾销螺栓裂纹时报废;13 号钩尾销磨耗超限时允许修理,钩舌销、钩尾销螺栓磨耗超限时报废。

(5)钩尾销防脱装置吊架、止挡各孔有明显变形、钩尾销衬套或直径磨耗超限时报废。

(6)从板裂纹时报废,变形时调修,磨耗超限时修理。

8. 检查结果

车钩缓冲装置检查后,将各零部件检查结果分别填入"车钩检修卡"、"钩舌检修卡"、"钩尾框检修卡"和"缓冲器检修卡"中。

第五章　铁路货车零部件修理

第一节　修理方法综述

铁路货车零部件修理是按照检修规程的规定消除存在的故障，调整各部技术状态，保持在下次相应修程之前零部件的性能良好。货车及零部件的修理方法主要有更换、焊修、调修、紧固、补装、磨修、机械加工、热处理等。

一、零部件损伤修理方法

铁路货车及零部件变形、疲劳裂损、磨耗、变质和意外损坏等损伤形式不同，选取的修理方法也有所不同。

1. 变形修理。变形通常通过机械或人力的作用，采用冷调修或热调修的方法进行矫正，调修时都需要施加适当载荷，使变形部位得到恢复。

冷调修法一般用于变形量不是很大、刚度相对较弱的部件，如对小梁、地板、门板等的调修。冷调修分为直接加力校正与胎具校正两种形式。直接加力校正用于局部向一个方向变形的部件调修，将车体固定后，在变形方向加力即可。胎具校正用于墙板、门板等板材，调修时内外胎将板材夹紧，加力后将板材恢复为胎具的形状。

热调修法广泛用于刚性较大的部件调修。如对底架弯曲、牵引梁变形、侧梁等变形的调修。热调修一般采用局部加热与外加载荷相结合的方法。通过检测，确定需调修的部位，然后根据变形的具体情况及结构 特点，正确地选择支点、压固点、加力点、加热点的位置、加热温度、加热范围及外加载荷的大小。

2. 疲劳裂损修理。疲劳裂损通常采用在裂纹前端钻止裂孔后清除原焊波重焊、补强、截换或铆接的方法修理，裂断通常直接报废更换。

3. 磨耗修理。零部件磨耗超限时更换或焊修。零部件焊修一般采用堆焊，堆焊后进行磨修或机械加工。随着现代化修理技术的不断应用，机械加工修理的零部件范围逐步扩大，磨修的零部件范围越来越少。

4. 变质修理。非金属材料变质的修理方法一般是更换；金属材料腐蚀可以通过除锈后堆焊、挖补、截换或补强的方法修理，堆焊后磨修或机械加工。

5. 意外损坏修理。松动主要采取重新紧固、更换紧固件或焊固的方法处理。丢失处理方法是补装原型配件；现在铁路货车及零部件设计时已充分考虑松动、丢失等问题，并采取了有效的手段，如采用拉铆钉连接。外物击打裂断处理方法和正常情况下发生的裂纹处理方法相同。磕碰伤一般采用磨修或机械加工的方法消除。

6. 热处理。一般用于铸钢或锻钢件裂纹或磨耗，经过焊修后在机械加工前进行的工序，以恢复零件金属结构的理化性能。

二、金属焊接

金属焊接是指通过适当的手段，使两个分离的金属物体(同种金属或异种金属)产生原子(分子)间结合而连接成一体的连接方法。

(一)常用焊接方法

1. 电弧焊

电弧焊是目前应用最广泛的焊接方法。它包括有：手弧焊、埋弧焊、钨极气体保护电弧焊、等离子弧焊、熔化极气体保护焊等。

(1)手弧焊

手弧焊是各种电弧焊方法中发展最早、目前仍然应用最广的一种焊接方法。它是以外部涂有涂料的焊条作电极和填充金属，电弧是在焊条的端部和被焊工件表面之间燃烧。

(2)埋弧焊

埋弧焊是以连续送时的焊丝作为电极和填充金属。焊接时，在焊接区的上面覆盖一层颗粒状焊剂，电弧在焊剂层下燃烧，将焊丝端部和局部母材熔化，形成焊缝。

埋弧焊可以采用较大的焊接电流。与手弧焊相比，其最大的优点是焊缝质量好，焊接速度高。因此，它特别适于焊接大型工件的直缝和环缝。而且多数采用机械化焊接。

埋弧焊已广泛用于碳钢、低合金结构钢和不锈钢的焊接。由于熔渣可降低接头冷却速度，故某些高强度结构钢、高碳钢等也可采用埋弧焊焊接。

(3)熔化极气体保护电弧焊

这种焊接方法是利用连续送进的焊丝与工件之间燃烧的电弧作热源，由焊炬喷嘴喷出的气体保护电弧来进行焊接的。

熔化极气体保护电弧焊通常用的保护气体有：氩气、氦气、CO_2 气或这些气体的混合气。

熔化极气体保护电弧焊的主要优点是可以方便地进行各种位置的焊接，同时也具有焊接速度较快、熔敷率高等优点。

2. 钎焊

钎焊的能源可以是化学反应热，也可以是间接热能。它是利用熔点比被焊材料的熔点低的金属作钎料，经过加热使钎料熔化，靠毛细管作用将钎料进入到接头接触面的间隙内，润湿被焊金属表面，使液相与固相之间互扩散而形成钎焊接头。

钎焊加热温度较低，母材不熔化，而且也不需施加压力。但焊前应采取一定的措施清除被焊工件表面的油污、灰尘、氧化膜等。这是使工件润湿性好、确保接头质量的重要条件。

钎料的液相线温度高于450 ℃而低于母材金属的熔点时，称为硬钎焊；低于450 ℃时，称为软钎焊。根据热源或加热方法不同钎焊可分为：火焰钎焊、感应钎焊、炉中钎焊、浸沾钎焊、电阻钎焊等。

钎焊时由于加热温度比较低，故对工件材料的性能影响较小，焊件的应力变形也较小。但钎焊接头的强度一般比较低，耐热能力较差。

（二）焊接方法的选择

不同结构的产品由于焊缝的长短、形状、焊接位置等各不相同，因而适用的焊接方法也会不同。

结构类产品中规则的长焊缝和环缝宜用埋弧焊。手弧焊用于打底焊和短焊缝焊接。机械类产品接头一般较短，根据其准确度要求，选用气体保护焊（一般厚度）、电渣焊、气电焊（重型构件宜于立焊的）、电阻焊（薄板件）。半成品类产品的焊接接头往往是规则的，宜采用适于机械化的焊接方法，如埋弧焊、气体保护电弧焊。微型件的接头主要要求密封、受热程度小等，因此宜用钎焊。

（三）焊修工艺过程

1. 焊前检查

（1）焊前检测待加修部位的磨耗尺寸、裂纹长度，如超过焊修范围时不应施焊。

（2）清除施焊表面（离焊缝边缘不小于20 mm宽度范围内）的油垢及氧化物。

2. 选择焊条

（1）鉴别材质，按照材质选择匹配材质的焊条。

(2)根据焊件厚度、直径、坡口形式选用适当直径焊材。

(3)需要烘干的焊条,在使用前应用烘干箱烘烤后,放入保温桶内,焊时随用随取。

3. 钻截止孔或开制裂纹坡口

(1)锻钢件应在裂纹末端钻 ϕ8 mm～ϕ10 mm 的截止孔。

(2)根据缺陷情况开制坡口,具体形状应根据铸件厚度、坡口位置、深度和长度而定,以彻底消除缺陷为准。一般情况下开 V 形或 X 形 60°～70°坡口。

(3) 开制裂纹坡口:坡口表面应露出金属母材本色,坡口底部与侧壁过渡要圆滑,不应留有尖角。

4. 检查环境、调整电流

(1)焊修场地应在 5 ℃以上静止空气中。

(2)根据使用的焊材,选用焊机型号,调整电流。

5. 焊前预热

裂纹焊修后易产生毛细裂纹者,焊前进行整体或局部预热。

6. 焊修

(1)裂纹焊修

①一般由裂纹末端向外施焊。

②施焊第一层焊波时,应采用适合坡口的焊条充分焊透。

③由上而下逐层施焊时要彻底清除前一层焊波熔渣,焊波接头要错开 20 mm 以上。

④焊后应保证保温材料覆盖焊修部位不小于预热范围,以降低焊缝冷却速度,防止产生裂纹。

(2)磨耗堆焊

①配件有裂纹时首先按照裂纹焊修要求加修,合格后方可进行堆焊作业。

②一般焊缝沿配件工作受力方向焊接,焊波宽应为焊条直径的 2 倍～3 倍。

③引弧应在坡口内引弧,不应在坡口外引弧。

④多层焊可参照 TB/T 1583 所示焊接顺序,第一层焊缝建议采用较小直径焊条,每焊完一层后,应彻底清除熔渣后(发现裂纹或其他缺陷时亦应彻底清除),方可进行下一层的焊接。

⑤焊后应保证保温材料覆盖焊修部位不小于预热范围,时间保证 1 h 以上,以降低焊缝冷却速度,防止产生裂纹。

7. 焊后检查

(1)堆焊后焊波凸凹不平高低差不应超限度要求。

(2)堆焊后有扭曲变形者应加热调修。

(3)焊波与焊波、焊波与基本金属应充分熔合。

(4)焊波与焊缝不应有裂纹、夹渣、气孔、缺肉及未焊透等缺陷。

(5)咬边深度不应超过 0.5 mm。

(6)焊波、焊缝应有加工余量或增强量(以图纸名义尺寸确定加工余量)。

(7)按规定需要在焊修时进行热处理的配件,可在热处理后进行质量检查。

(8)根据配件的特定要求进行电磁探伤和拉力试验,无裂纹和变形。

8. 配件焊后热处理

铸钢或锻钢配件焊后需要热处理时,进行正火或回火等热处理。

三、金属铆接

金属除了广泛采用焊接工艺以外,一些相互连接配件材质不同,焊接性能不好,部分结构之间采用铆接工艺,达到抗焊接结构无法达到的拉伸、抗剪切的效果。如冲击座、上心盘、从板座、侧柱、绳栓等。铆接工艺分为热铆工艺和冷铆工艺。

(一)热铆工艺

1. 测量连接部件的厚度、孔径,选择铆钉。

2. 装配前应将铆接零件接触面上的毛刺、锈垢及污物除掉,然后在零件相互接触的表面上,涂以防锈漆。

3. 在金属结合面部位涂刷防锈底漆,将铆接部件用螺栓固定,使配件间密贴。

4. 铆钉加热。当铆钉直径不大于 10 mm 时,允许冷铆。采用液压冷铆时,铆钉直径应不大于 12 mm。

5. 铆接质量检查。常见故障:铆钉松动、铆钉头和铆接件贴合不紧密、铆钉头裂纹、铆钉头部刻伤、铆钉头偏移、铆钉头周围或局部残缺不完满、铆钉头周围有帽缘、铆钉头有麻坑、铆钉头周围的铆接件有刻痕、埋头过高、铆合不严密、埋头过低。

(二)冷铆工艺

近年来,由于冷铆接技术的发展,拉铆钉大量用于车体的钢结构连接当中。比如敞车的侧柱与下侧梁的连接,前后从板座与中梁的连接,牵引钩、绳栓、脚蹬等的连接。拉铆钉的运用,避免了传统热铆钉由于过烧和操作的随机性造成的质量隐患，降低了工人操作的劳动强度，同时也提高了连接可靠性。拉铆工艺过程如下。

1. 测量拉铆连接部件的厚度、孔径，选择拉铆钉。

2. 调整设备压力。

3. 按照所用拉铆钉的规格选择枪头。

4. 拉铆枪的控制开关电缆与液压站连接。

5. 接触面应调平，去除接触表面上的毛刺、锈垢、氧化皮等其他污物，在金属结合面部位涂刷防锈底漆。

6. 铆钉孔超过 2 孔时，将铆接部件用螺栓固定，使配件间密贴。

7. 按照由里向外、对称拉铆。

8. 铆接后进行质量检查，铆钉机配件不得松动；用塞尺检查缝隙应符合要求。

第二节　车体修理

一、底架各梁调修

底架是一个比较复杂的钢结构，各梁件已组成一个整体框架，梁件之间互相制约，一处发生弯曲，将引起其他部分变形。若车体钢结构的变形超限时需进行调修。

(一)中、侧梁下垂

1. 中梁、侧梁调修时，须将底架置于台架上，在枕梁附近用拉紧装置将车体底架固定，在中部下垂最严重处支顶镐，缓缓加压，一个顶镐调修效果不佳时可用多个顶镐同时加压调至稍有上挠为止。当需要加热调修时，可选择在变形起点附近增加加热点，加热点按三角形面积加热(图 5-1)。

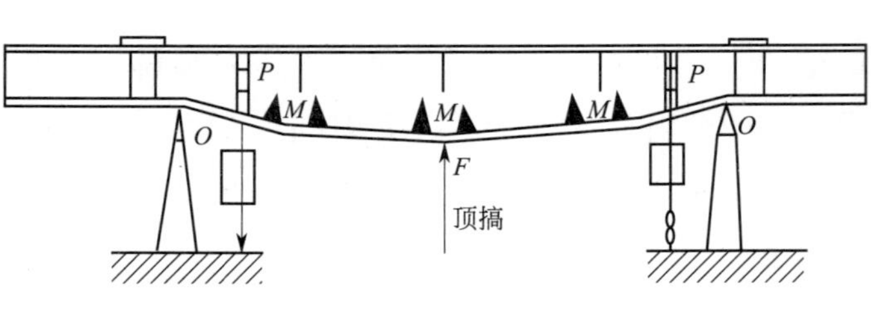

图 5-1　中梁或侧梁中部下垂调修

中梁与侧梁相比，中梁的刚度比侧梁的刚度要大得多。因此，中梁一旦发生下垂变形，一般会引起侧梁变形，若将中梁调修好，侧梁也易于恢复到正常状态。但是，有时侧梁受到外力撞击而变形严重时，在调修好中梁的同时还应对侧梁变形部分进行加热调修。

2. 当中、侧梁下垂变形不太严重时，只需在主横梁与中梁连接处的附近选择 3～6 处作为加热点，使中梁下面变形凸出部分（加热温度最高处）金属起局部收缩作用，便可使中、侧梁恢复到正常状态，有时为了加快调修效率，在中梁中央部分用顶镐顶住，当加热后再用顶镐加载，可使中梁较快地恢复到正常状态。

（二）牵引梁下垂

1. 牵引梁下垂严重时，力点应选在端梁冲击座处。支点在枕梁处，压固点应选在加热点与支点之间靠近加热点处。

一般情况下，加热点应该选在牵引梁上部弯曲变形凸出部位，按三角形面积加热，高度为梁高的 1/2 以上。

2. 牵引梁下垂不太严重时，只需在端梁冲击座处用顶镐顶住，加热点选在牵引梁上部凸出部位，一般可不设压固点。

若牵引梁下垂也引起侧梁下垂变形，此时只需将牵引梁调直后，侧梁则可恢复到正常状态。若侧梁下垂变形严重时，还应在侧梁弯曲变形的凸出部位进行加热调修。

（三）侧梁下垂变形

压固点应选在枕梁与侧梁连接处，靠近弯曲变形的根部，加热点选在主横梁与中梁连接处的上侧面（上盖板也要同时加热）及侧梁弯曲变形凸起处所。加热面积为三角形，但不宜过大，温度可适当高些。

（四）牵引梁外胀

把顶镐一端支在侧梁上，另一端顶在牵引梁变形凸起部位的腹板根部处（若顶在腹板中部，在调修后易产生翼板面不平的现象），在牵引梁靠近端梁及枕梁的下翼面和变形凸出部位加热，加热面应大于翼板的 1/2，加热温度要在 800～900 ℃。加热的同时使用油镐在外侧加载，直至调直为止（或者以另一侧牵引梁为支点，向内侧施加拉力）。

（五）中（侧）梁旁弯及牵引梁甩头

旁弯与甩头都属于水平弯曲变形，分为整体旁弯和局部旁弯两种情况。中侧梁局部旁弯与牵引梁外胀的调修方法基本相同。牵引梁甩头一般与侧梁旁弯同时产生，可按图 5-2 所示位置选择加热点、压固点和力点。加热形状仍按三角形，高度要大于翼板宽的 1/2，并在腹板上加热 30～50 mm 宽度，加热温度要适当高一些，而且上、下翼板都须进行加热。

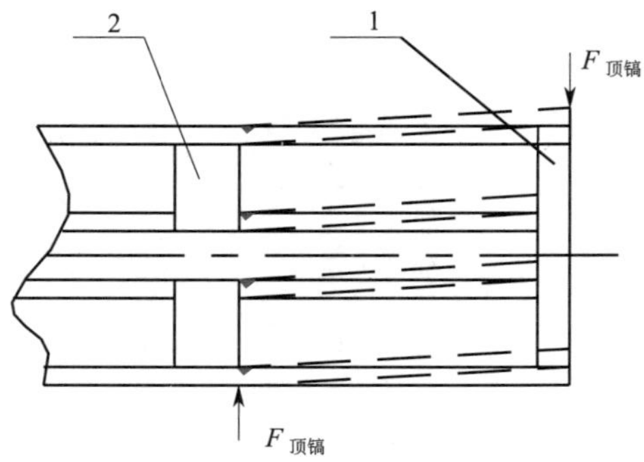

图 5-2　牵引梁甩头调修

1—端梁；2—枕梁

二、侧、端墙调修

侧、端墙变形的调修方法与底架的调修方法基本相似，由于其强度弱于车体底架，调修时一般采取冷调修方法。

（一）端、侧柱外胀

1. 若外胀不太严重时，可进行冷调。以侧、端柱为例，目前，多采用机械化调修端侧柱外胀的专用设备。使用移动式铁路货车综合调梁机调修侧柱及侧墙板，使用调端机调修端墙端柱及端墙板。

2. 若侧柱外胀严重时，应采用热调方法，除借用上述设备外，还应在侧柱根部靠近结点的部位加热，然后再将其调回原状。

3. 对于端部外胀严重时，应将端部的加强筋解体后调修。

（二）车体墙板或车顶板、车门板凸凹变形

在检修中，经常碰到车体墙板的凹凸不平波浪式的变形情况，一般常使用调端机或墙板校正胎对变形部位进行冷调，有时局部加热后进行整形。

三、底架各梁及盖板裂纹、腐蚀及磨耗修理

底架各梁最常见的损伤是腐蚀及裂纹，敞车腐蚀一般较为严重，裂纹一般发生在底架各梁焊接部位及底体架截面积薄弱部位。底体架的磨耗不常见，一般发生在牵引梁内，通常用焊接补强的方法恢复梁件的工作性能。

（一）中梁、牵引梁补强

1. 中梁、牵引梁下翼板横裂纹、上翼板横裂纹超限，腹板横裂纹、上翼板横裂纹未超过单侧翼板宽的一半，须按要求补角形补强板。

2. 中梁下翼板、腹板腐蚀深度严重时堆焊或补平行补强板；同一侧前后从

板座处均磨耗超限需补强时，须连接两从板座，补通长补强板。

3. 中梁、牵引梁各处有纵裂纹时焊修；牵引梁内侧局部磨耗严重时堆焊或挖补。

(二)侧梁、端梁、枕梁、横梁补强

1. 翼板横裂纹严重但未延及腹板时，补平形补强板；延及时补角形补强板。侧梁下翼板、腹板麻点腐蚀严重穿孔时须堆焊或补强。

2. 各梁上下盖板裂纹时焊修、截换或补强；中梁下盖板横裂纹(包括对接焊缝开焊)时须要进行补强。

3. 中梁下盖板腐蚀严重时补强。其他各梁盖板腐蚀严重时，补强、挖补或更换。

现车原有的补强板及接口位置如果不符合相关规定，但经鉴定状态良好能确保安全时，可不处理。

(三) 裂纹补强工艺过程

1. 中、侧梁补角形补强板时，须要在加修部位支镐，将加修部位调至水平线以上，在没有自重弯曲应力条件下补强，以免发生因自重而生产弯曲无法修复至水平位置。

2. 焊修前须要在裂纹末端钻止裂孔，且止裂孔不焊堵。施焊时须沿裂纹处铲 V 形坡口。焊缝施焊按《车辆配件焊修》(HG 1005—2008)、《高强度耐候钢焊接》(HG 1008—2008)要求执行，不得将止裂孔焊堵。

3. 不需补强的焊缝须有增强焊波；须补强的焊缝须打磨平整。中、侧、枕、横梁连接处焊波裂纹、开焊时，割除原焊波重焊，并加焊 2～3 mm 的增强焊波。

(四)补强及截换要求

1. 中梁下盖板横裂纹(包括焊缝开焊)时，需要在焊修磨平后补强。补强板厚度不小于原盖板厚度，宽度与原盖板相同，长度每侧距裂纹不少于 300 mm。

2. 中梁下盖板车上截换时须斜接，接口夹角不大于 60°，可单面焊。

3. 枕梁或跨过中梁的横梁下盖板横裂纹，其位置在中梁下方时，须加装元宝形补强板，长度须盖过中梁两侧。

4. 中梁下盖板腐蚀严重时补强，补强板长度须盖过腐蚀边缘 50 mm 以上。中梁下盖板漏水孔腐蚀严重或裂纹时，补环形补强板。

四、车体及底架附属配件修理

底架附属配件主要存在磨耗、裂损或焊缝开裂、变形、腐蚀等故障形式，修理方式通常采取焊修、调修或更换。

（一）焊缝开焊修理

对采取焊接方式连接在底架各梁上的配件发生焊缝开裂的故障，通常采取切除原焊缝重新焊接的方式进行修理。如牵引梁内侧磨耗板焊缝开裂、钩尾框限位挡板焊波开裂、上旁承焊缝开裂时均须要采取切除原焊缝后重新焊修的方式进行修理。

（二）磨耗、裂纹修理

底架附属配件产生磨耗、裂纹但未超限度的一般采取焊修处理，超限度的采取更换或卸下加修等方式处理。

以可拆卸式平面上心盘为例，上心盘故障主要为裂纹和磨耗。上心盘裂纹分外圆周裂纹和其他平面处裂纹，裂纹未超限时可现车切坡口焊修，并打磨处理，超限时需要将上心盘分解送加修班组焊修，圆周裂纹焊修后须加工恢复原形；上心盘的磨耗主要是直径磨耗和平面磨耗，超限时分解焊修。

（三）变形修理

底架附属件发生变形、异位等故障时一般可采用加热后调修，无法调修或调修后仍不能恢复配件性能时，可采取更换配件处理。如绳栓、牵引钩弯曲时通常用加热后调修方式处理，发生裂纹、破损等故障时更换处理；人力制动机踏板或支架弯曲、变形时也是采取加热后调修，裂纹、腐蚀严重时更换处理。

车体修理后应将修理方法填入“货车检修记录单”内。

第三节　转向架各零部件修理

转向架各配件中斜楔、弹簧、弹簧托板、摇动座支承、导框摇动座、心盘磨耗盘、各磨耗板不得修理；承载鞍顶面除可以机加工外，不得焊修；其他配件按规定进行修理。焊接修理时焊接前应按照摇枕、侧架及配件的材质，选择使用电焊条或焊丝的型号，按照板材厚度选择电焊条和直径、调整焊接电流，执行《焊条直径与焊接电流调整参考表》；焊接时执行《机车车辆修理焊接技术条件》、《机车车辆二氧化碳气体保护焊技术条件》。材质为普碳钢时，使用J422焊条；材质为B级钢时，须使用J506焊条或等同材质的焊丝H08Mn2SiA。材质C级钢、不锈钢时，须执行《耐候钢、C级铸钢、不锈钢焊接工艺及技术要求》。铸钢摇枕、侧架的铸造缺陷及裂纹的焊接，执行《机车车辆铸钢件焊补技术条件》、《车辆配件焊修技术要求》。摇枕斜楔摩擦面磨耗板材质为0Cr18Ni9时，须使用SW-309L-

COREED焊丝,富氩 CO_2 气体保护焊接。转向架修理后,应将主要零部件修理方法填入“货车检修记录单”。

一、摇枕修理

1. 摇枕裂纹

(1) A、B 部位横裂纹时更换,其他部位上平面、侧面横裂纹长度不超限,底面横裂纹长度不大于底面宽的 20%时进行焊修(测量周长或宽度时,铸孔计算在内,测量裂纹长度时,铸孔不计算在内),大于时更换。摇枕纵裂纹或内壁加强筋、心盘销座裂纹时焊修。摇枕挡或下旁承盒裂纹、缺损时焊修或更换。

(2) 焊修时,普碳钢侧架使用 J422 焊条,B 级钢使用 J506 焊条,焊波要高于基准面 1～2 mm,焊修后要进行热处理。

(3) 零部件焊后采用回火热处理。焊后清渣,将零部件加温至 550～650 ℃并使用石棉毡充分覆盖保温,在空气中冷却至室温即可,以降低焊缝冷却速度,防止产生裂纹。焊后不应有过烧、脱碳、热裂及扭曲变形。

2. 摇枕磨耗

(1)摇枕盘螺栓孔、心盘销孔磨耗超限时堆焊后加工。

(2)摇枕以下部位磨耗超限时焊后磨修:

①转 K2、转 K6 型摇枕挡内、外表面距离超限时,要堆焊后磨修,恢复原形。

②摇枕斜楔槽内、外表面距离超限时,对中焊修后磨平并恢复原形。

③转 K4、转 K5 型摇枕头部两侧面壁厚单侧磨耗超限时,堆焊后磨平并恢复原形。

④转 K4、转 K5 型摇枕横向运动止挡磨耗超限时,堆焊后磨平并恢复原形。

⑤控制型转向架摇枕旋转止挡两内挡外表面之间的距离超限时,对中焊后磨平并恢复原形。

⑥转 K6 型摇枕弹簧定位圆脐为结构Ⅰ的,磨耗部位小于最小磨耗尺寸时焊修后磨修,并达到结构Ⅱ圆脐相应部位尺寸,未焊修部位不用磨修;摇枕弹簧定位圆脐为结构Ⅱ的,磨耗部位小于最小磨耗尺寸时焊修后磨修,磨修部位要达到结构Ⅱ圆脐相应部位尺寸。

3. 摇枕斜楔摩擦面磨耗板修理

(1)摇枕斜楔摩擦面磨耗板或分离式斜楔插板焊缝开裂时焊修,裂纹时更换新品,丢失时补装;转 8A 型更换新品,新品磨耗板厚度为 5 mm;其他型磨耗超限时更换新品。分解不锈钢磨耗板时须用碳弧气刨的方式进行分解。

(2) 转 8A、转 8AG、转 8G、转 8AB、转 8B、控制型摇枕斜楔摩擦面磨耗板材质为 27SiMn；转 K2、转 K4、转 K5、转 K6 型斜楔摩擦面磨耗板材质为 0Cr18Ni9；转 K2 型分离式斜楔插板材质为 20 钢。

(3) 材质为 0Cr18Ni9 的磨耗板焊装时要使用 A302 或 E306H 不锈钢焊条，材质为 27SiMn 的磨耗板与 B 级钢摇枕焊装时要使用 J506 焊条焊接。

(4) 焊装磨耗板前摇枕斜楔摩擦面（基准面）要平整，不平整时要堆焊后磨平，矩形磨耗板或斜楔插板上、下端面与摇枕要满焊。摇枕斜楔摩擦面磨耗板焊接时要在摇枕翻转机上实行平焊。

(5) 更换时，转 8A、转 8AG、转 8AB 型摇枕斜楔摩擦面有铸台者用原形样板以弹簧支承面及凸脐中心为基准进行检测，每侧间隙不大于 4 mm，间隙差不大于 2 mm；焊装 140 mm×80 mm×(3～5)mm 的磨耗板；无铸台者焊装(145～155)mm×80 mm×(3～5)mm 的磨耗板。

4. 摇枕其他故障修理

(1) 转 8AG、转 8AB 型摇枕弹簧定位脐子垫脱落时，要焊装厚度为 8 mm 的脐子垫，焊装后弹簧定位圆脐总高度须符合要求。

(2) 转 K2 型摇枕弹簧承台内侧外簧挡边高度超限时，要按图样要求加高。

(3) 固定杠杆支点座圆销孔或衬套直径磨耗超限时，扩孔镶套或更换。

(4) 转 K2 型转向架进行低摩制动改造时，固定杠杆支点座销孔中心低于摇枕心盘安装面的，按 QCZ86JX-40-00 图样要求对固定杠杆支点座进行改造；同时按 QCZ85D-53-00 图样要求换装固定杠杆，改造完成后对焊缝进行磁粉探伤。

(5) 装用在 JSQ_{1K}、JSQ_{2K}、JSQ_{3K}、JSQ_5 型双层运输汽车专用车上的转 K2 型摇枕枕簧定位脐处焊装的定位环丢失时补装，焊缝开裂时清除原焊缝补焊，焊装位置如图 5-3 所示，定位环须符合图样 QCZ85G-20-01。

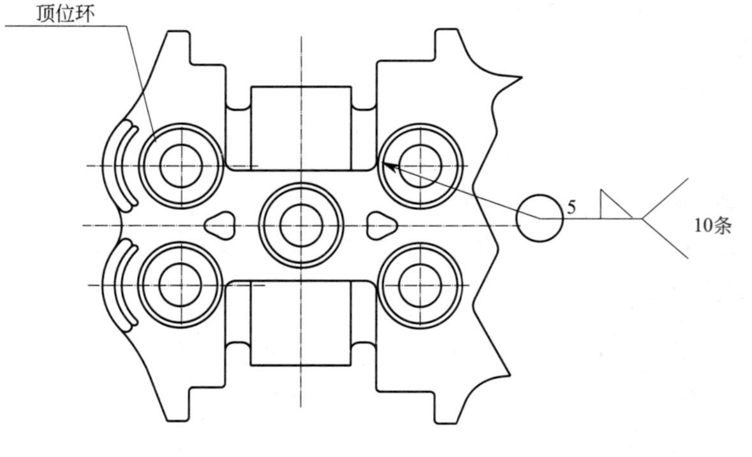

图 5-3　摇枕枕簧定位脐定位环焊装位置示意图

(6)装用 JC-2 型旁承的摇枕旁承盒内挡销丢失或变形时更换(符合图样 QCZ85H-40-00),挡销规格为 ϕ10 mm×35 mm。一个转向架焊装两个挡销,相对摇枕心盘中心面呈斜对称布置,同一转向架相反,同一辆车同侧同向,如图5-4所示。

(7)装用 JC-3 型旁承的摇枕(如 X6K 型车)检修时摇枕旁承盒内挡销丢失或变形时更换,须符合图样 QCZ85K-40-00,挡销规格为 ϕ10 mm×35 mm,材质为 Q235-A,一个旁承盒焊装 2 个挡销,单侧焊装,如图 5-5 所示;同一转向架相反,同一辆车同侧同向。

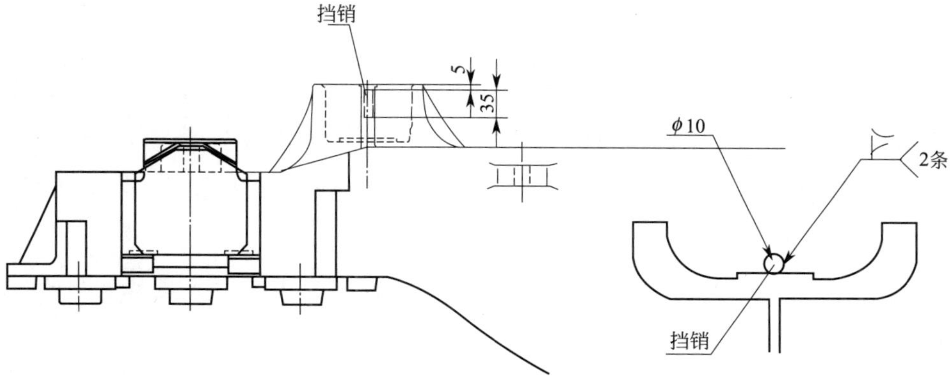

图 5-4　JC-2 型旁承摇枕旁承盒焊装挡销示意图

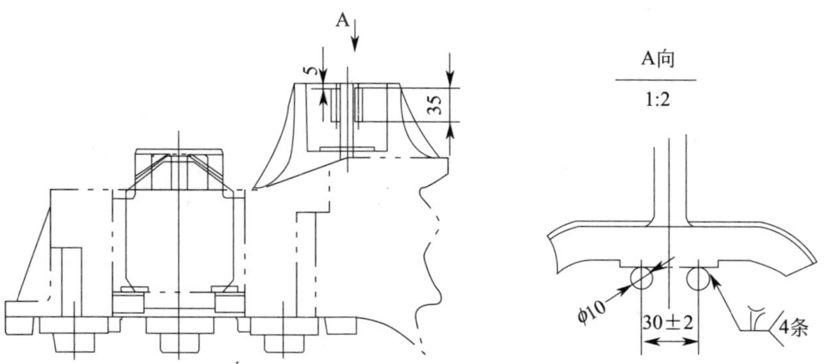

图 5-5　JC-3 型旁承摇枕旁承盒焊装挡销示意图

(8)装用在 JSQ_6 型凹底双层运输汽车专用车上的转 K6 型摇枕检修时枕簧定位脐处焊装的定位环丢失时补装,焊缝开裂时清除原焊缝补焊,焊装位置如图5-6 所示。定位环须符合图样 QCZ133D-20-01。

二、侧架修理

1. 侧架裂纹修理

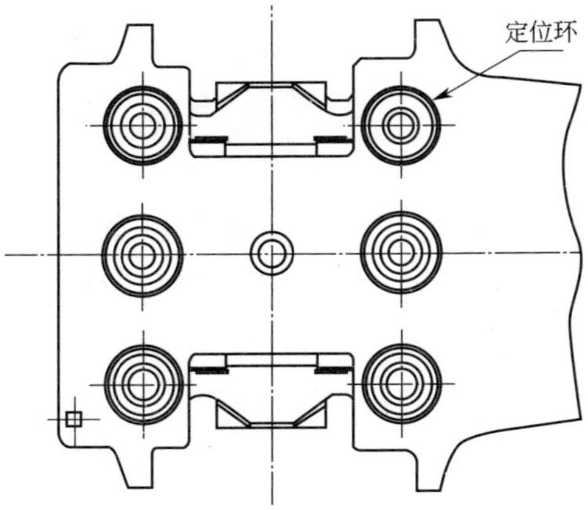

图 5-6 摇枕枕簧定位环焊装位置示意图

(1)侧架除弯角处其他部位的横裂纹长度不大于裂纹处断面周长的 50%时焊修,转 K4 型侧架摇动座支承安装槽底面横裂纹长度不超限时焊修,大于时报废。

(2)焊修时,普碳钢侧架使用 J422 焊条,B 级钢使用 J506 焊条,焊波要高于基准面 2 mm,焊修后要进行热处理。

(3)零部件焊后采用回火热处理。焊后清渣,将零部件加温至 550～650 ℃并使用石棉毡充分覆盖保温,在空气中冷却至室温即可,以降低焊缝冷却速度,防止产生裂纹。焊后不应有过烧、脱碳、热裂及扭曲变形。

2. 侧架磨耗修理

(1)侧架以下部位磨耗超限时堆焊后磨修:

①导框两侧摩擦面单侧磨耗(含局部磨耗)深度超限、两侧磨耗深度之和超限,内侧面磨耗(含局部磨耗)深度超限或组装间隙超限时;

②转 K2、转 K4、转 K5 型侧架导框导台两侧摩擦面单侧磨耗(含局部磨耗)深度超限,两侧磨耗深度之和超限时;

③侧架导框导台两内挡面磨耗之和超限或影响组装间隙时。

(2)承载鞍支承面检修:

①偏磨超限时加工,磨耗超限时或支承面剩余高度超限时堆焊后加工,恢复原形,或加工后焊装磨耗板。转 8A 型侧架导框支承面偏磨深度超限时更换。

②原磨耗板磨耗超限时更换;焊装磨耗板时,同一转向架两侧架要同时焊装。焊装的磨耗板规格须符合规定。

③加工后,承载鞍支承面或磨耗板平面与导框内侧摩擦面未磨耗部位的垂

直度须符合规定。

④侧架承载鞍支承面焊修要在侧架翻转机上实行平焊。

(3) 转 K2、转 K6 型侧架立柱与摇枕挡内表面配合处磨耗深度超限时，堆焊后磨修恢复原形。

(4)控制型侧架两旋转止挡凸耳纵向间距超限时要对中焊后磨平，恢复原形。

(5)控制型侧架与摇枕外挡接触部凸台磨耗深度超限时，焊修磨平。

3. 侧架附属件修理

(1)制动梁滑槽及滑槽磨耗板检修

①转 K5、转 K6 型侧架制动梁滑槽无防止制动梁脱出挡块时，按图样焊装挡块。

②滑槽磨耗板磨耗深度超限时更换新品，焊波开焊时要补焊。平板式滑槽磨耗板材质为 27SiMn，规格须符合规定。更换时要三面满焊(磨耗板外侧焊缝允许中间 70 mm 不焊)；焊装磨耗板后其上下承台间距为 56～58 mm，侧架滑槽高度小于 64 mm 时允许以厚度为 6 mm 的磨耗板代用，装用组合式制动梁时允许使用 4 mm 的滑槽磨耗板，焊角不小于 3 mm，并保证磨耗板与滑槽密贴，焊后要清除磨耗板平面的焊渣和凸起物。

③卡入式制动梁滑槽磨耗板压装前要清除滑槽磨耗板平面及滑槽内表面焊渣和凸起物，上下表面要平整，不允许涂抹任何油脂，压装要正位(滑槽磨耗板凸起落入滑槽凹槽内)，不正位时要进行调整直至正位。卡入式滑槽磨耗板材质为 T10 或 Mn2Si2TiB。

(2)侧架立柱磨耗板检修

①转 8A、转 8AG、转 8G、转 8AB、转 8B 及控制型转向架应采用平头铆钉液压热铆，铆接配件金属结合面在组装前均要涂防锈漆，铆钉窝填充要充实，其边缘处应无大于 1.5 mm 的剩余量，铆钉帽平面低于磨耗板平面，凸出部分用砂轮机(角向磨光机)打磨平整。铆装后敲打铆钉无松动，钉帽圆滑饱满。控制型侧架立柱磨耗板要符合图样 QCZ49-20-01，上、下部要焊有定位装置。

②转 8A、转 8AG 型立柱磨耗板铆装前，先测量侧架两立柱水平距离(以侧架两立柱安装磨耗板的突出部分最下方向上 10 mm 处测量为准)，大于 509 mm 时，堆焊后加工(加工后局部可有黑皮)或更换；小于 505 mm 时，铆装厚度为10 mm的磨耗板；大于 505 mm 时，铆装厚度为 12 mm 的磨耗板。

③转 K2、转 K4、转 K5、转 K6 型要采用折头螺栓紧固，折头螺栓要折断，并使用扭矩扳手校核，紧固力矩要符合规定。螺栓端头不允许高于侧架立柱磨耗板表面，高于时将高出部分磨除。

④转 8AB、转 8B 型侧架应装用符合图样 QCZ105A-20-01 的加宽 45 钢立柱磨耗板。

⑤新装磨耗板材质、硬度及与侧架的间隙须符合规定。

⑥全车的斜楔、侧架立柱磨耗板、摇枕斜楔摩擦面磨耗板材质要匹配，并配套使用。

(3)支撑座及保持环检修

①支撑座裂纹及支撑座、侧架、连接板间焊缝开裂时要铲除裂纹后焊修，并要达到支撑座及侧架、连接板间焊缝焊修技术条件。

②支撑座贯通裂纹、经过焊修再次裂纹或原焊修焊缝开裂时更换；分解交叉支撑装置的支撑座腐蚀深度超限时更换。更换时不允许伤及侧架母材。新组装支撑座要使用支撑座专用组装胎具。

③分解后保持环腐蚀、磨耗深度超限或裂纹时更换新品，更换保持环时，要使用专用组装定位胎具；焊缝开裂时要清除原焊波施焊。

(4) 横跨梁托检修

①横跨梁托变形时调修或更换，裂纹或腐蚀深度超限时更换。

②横跨梁托孔径磨耗超限时焊修或更换。

(5) 斜楔挡检修

转 8A、转 8G、转 8AB、转 8B 型侧架斜楔挡弯曲时调修，裂纹时焊修或更换；斜楔挡脱落或与侧架铸造一体者折损时，要在原处焊装 95 mm×75 mm×16 mm 的钢板，焊角为 8 mm×8 mm。

三、交叉支撑装置修理

1. 弯曲调修

调修时要使用专用的校正设备，调修后在全长范围内用样杆检测，允许有不大于 5 mm 的变形量。

2. 焊修

(1) 焊缝(杆体环焊缝除外)开裂时铲除裂纹后补焊，补焊后进行湿法磁粉探伤检查。焊修裂纹时，要在裂纹处开 60°～70°V 形或 X 形坡口，坡口深度和长度要根据裂纹情况而定，以消除裂纹痕迹为准。环境温度低于 5 ℃时，用焊炬预热焊接部位到 50～200 ℃；环境温度高于 5 ℃时可不预热。

(2) 裂纹焊修时采用J506焊条，焊条直径为3.2 mm。

(3) 焊修前用钢丝刷和棉纱清除施焊部位表面油垢及氧化物(离焊缝边缘不小于20 mm范围)。焊接时采用平位焊接。由裂纹末端向外施焊，由下向上逐层施焊时，要彻底清除前一层焊波溶渣，焊波接头要错开20～30 mm。不允许在焊件的非焊修表面引弧，以免电弧击伤焊件表面。

3. 磨修

(1)杆体纵裂纹长度不大于50 mm且深度不大于0.6 mm及擦伤、碰伤深度不大于1 mm时，磨修消除缺陷，磨修面与非磨修面要平滑过渡。

(2)扣板裂纹焊修后要磨平，并进行湿法磁粉探伤。

4. 组装

(1)更换交叉杆时，转8G、转8AG、转8AB、转8B型转向架要装用C型交叉杆，转K2、转K6型转向架装用改进结构的交叉杆组成。

(2)组装交叉支撑装置时，要加装交叉支撑装置标志板，标志板应刻打组装单位代号和组装年月。

(3)组装

将交叉杆组成放在交叉支撑定位装置上，吊起转向架构架，轻稳落在交叉支撑定位装置上，保证侧架导框落入定位装置的承载鞍上，注意要对正位置，避免碰撞组装台其他各部。将双耳防松垫圈、标志板和锁紧板穿到端头螺栓上，并将垫圈双耳插入锁紧板孔中。将内侧的轴向橡胶垫安装在侧架支撑座上保持环的孔中，同时抬起交叉杆组成的两端，将连接孔对正，用穿入双耳垫圈、标志板、锁紧板、轴向橡胶垫的螺栓连接，保证锁紧板的定位孔呈上、下位置。用智能扳机均匀紧固交叉杆端头螺栓，紧固力矩为675～700 N·m，并全数用扭力扳手校核。用手锤、扁铲将垫圈相对的两个止耳折弯贴靠螺栓。

(4)正位检测

交叉支撑装置组装后，应在转向架正位检测台上进行正位状态检测。正位检测以侧架导框的中心为检测点，检测四个导框中心构成矩形的对角线长度之差不大于5 mm，两侧对应的导框中心距之差不大于10 mm。如测量结果不合格，可在相应的交叉杆端头与轴向橡胶垫之间加调整垫进行调整，每处的加垫厚度不允许大于2 mm。如加2 mm调整垫后，对角线长度之差仍不合格，要分解检查，检查原因并解决后再进行检测。测量结果须以规定格式由微机打印出检测记录单，附于“货车检修记录单”(车统—22B)后。

(5)标记涂打

交叉杆组装后，须在交叉杆上涂打检修标记。未分解的交叉杆，检查良好后也应涂打检修标记。

四、摆动装置修理

1．摇动座修理

摇动座的A、B部或耳轴圆弧区域、耳轴与方梁间的过渡区域经磁粉探伤检查存在裂纹且裂纹深度不超限时磨修消除裂纹，大于时更换。其他部位外观检查，裂纹时焊修，焊后局部热处理。

2．导框摇动座修理

(1)2007年4月1日以前生产的转K4、转K5型转向架，要按规定对原装用的导框摇动座、固定块及垫片进行改造，分解导框摇动座时可用氧－乙炔割炬切割原装导框摇动座固定块，但不允许伤及侧架母材。

(2)装用大圆弧承载鞍(无识别标记)的转K4型转向架，导框摇动座规定进行改造，即在其顶面(与侧架接触面)加工一个3 mm深的凹槽，并换装符合要求的垫片和导框摇动座固定块，如图5-7所示。

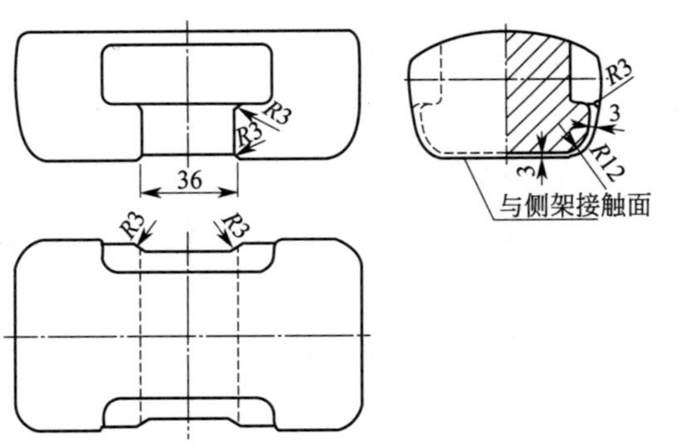

(a) 大圆弧导框摇动座改造

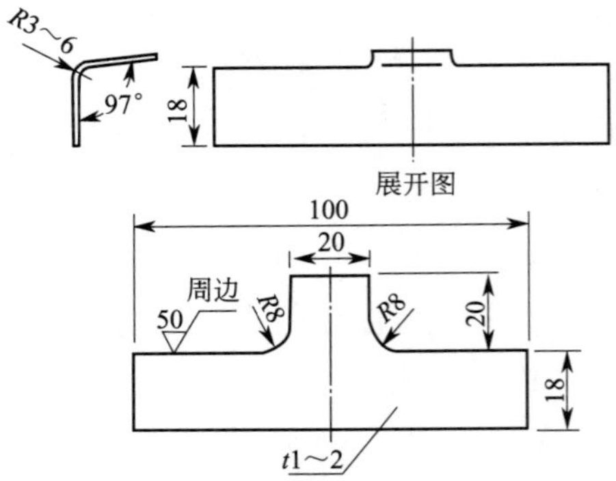

(b) 转K4型导框摇动座垫片

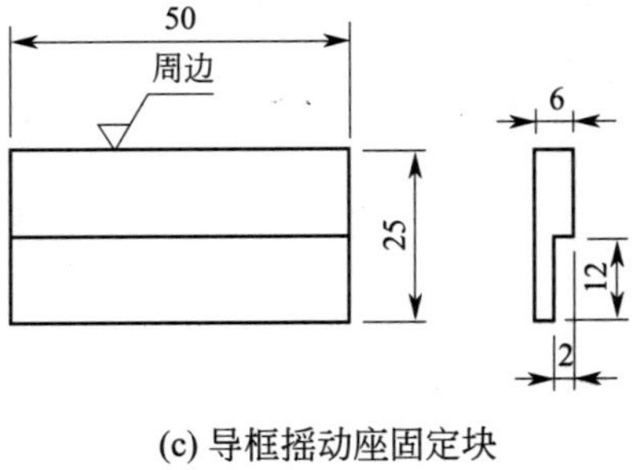

(c) 导框摇动座固定块

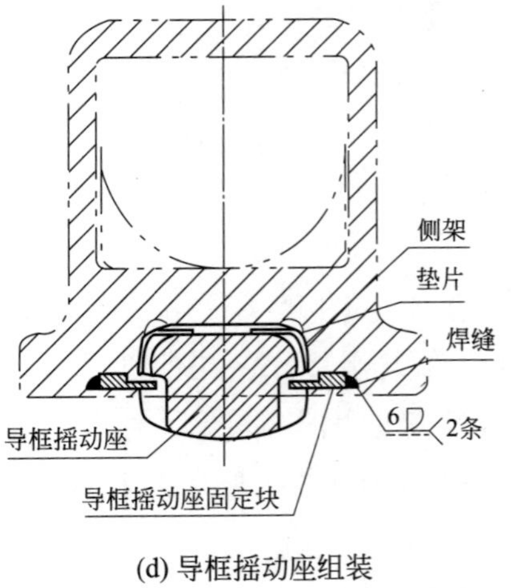

(d) 导框摇动座组装

图5-7　转K4型侧架导框摇动座改造示意图

(3)装用原 K4 型小圆弧承载鞍(识别标记为 A)的转 K4 型转向架，换装符合图 5-7 所示的垫片、导框摇动座固定块，并按图所示进行组装。

(4)装用 K5 型大圆弧承载鞍(无识别标记)的转 K5 型转向架，导框摇动座按图 5-7 所示进行改造，即在其顶面(与侧架接触面)加工一个 3 mm 深的凹槽，并换装图示要求的垫片、导框摇动座固定块，并按图所示进行组装。

(5) 装用原 K5 型小圆弧承载鞍(识别标记为 A)的转 K5 型转向架，换装图 5-8所示的垫片、导框摇动座固定块。

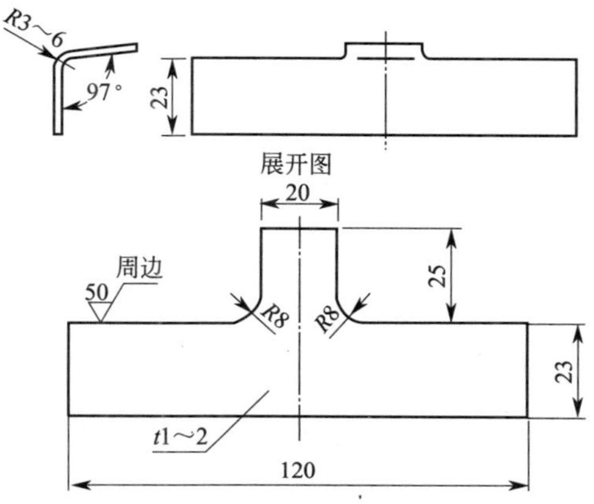

图 5-8　转 K5 型导框摇动座垫片

(6)转 K4、转 K5 型转向架承载鞍和导框摇动座需要更换时，同一转向架更换的承载鞍和导框摇动座要相互匹配，即无识别标记的 R250 mm 大圆弧半径承载鞍配无识别标记的 R125 mm 大圆弧半径导框摇动座；识别标记为 A 和 A1 的 R80 mm 小圆弧半径承载鞍配识别标记为 A1 的 R70 mm 小圆弧半径导框摇动座。转 K4 型转向架装用的识别标记为“A”的承载鞍和导框摇动座报废需补充时，要补充识别标记为“A1”的承载鞍和导框摇动座；转 K5 型转向架装用的识别标记为“A”的承载鞍和导框摇动座报废需补充时，要补充识别标记为“A1”的承载鞍和导框摇动座。

(7)同一转向架承载鞍的圆弧半径要相同；同一转向架导框摇动座的圆弧半径要相同；同一辆车要装用承载鞍圆弧半径相同的转向架。

五、承载鞍修理

1. 各型承载鞍均不得焊修；除转 8A 型、转 K2 型承载鞍顶面偏磨大于 1.5 mm时允许用刨(铣)床加工外，其他承载鞍不得加修。

2. 加工后用样板检查应符合限度要求。

3. 承载鞍顶面刨(铣)修后须平整，两侧不得有凸棱。

六、斜楔修理

1. 铸钢斜楔主摩擦面或副摩擦面磨耗超限时不得修理。

2. 组合式斜楔副摩擦面磨耗超限时、更换；主摩擦板断裂区域超限或磨耗深度超限时，更换主摩擦板。

3. 主摩擦板背面与斜楔体安装面间隙大于 3 mm 时，分解后加厚度为 2～8 mm 的垫圈调整。

七、下旁承组成修理

1. 下旁承组成分解

(1)JC 型旁承体与旁承座的分解时应使用专用工装，采用纵向压缩方式将弹性旁承体从旁承座内拆出，专用工装纵向压缩弹性旁承体两侧侧板，其行程不大于 9 mm。

(2)旁承体与旁承座拆卸时，JC、JC-2、JC-3 型弹性旁承须纵向压缩旁承体两侧板后垂直向上平行装取出；JC-1 型可直接从侧板上部垂直向上平行取出。旁承体侧板与旁承座定位槽内侧面应密贴，旁承体顶板和侧板不得产生永久弯曲变形。JC、JC-2、JC-3 型弹性旁承拆卸时两侧板纵向压缩后的尺寸不得小于 195 mm，JC-1 型不得小于 166 mm。纵向压头与侧板侧面接触面积不小于 45 mm(宽)×30 mm(高)，JC-1 型弹性旁承为 23 mm×23 mm。垂向压头与侧板顶面接触长度不小于 40 mm。垂向压头应具有防止顶板上翘的限位功能。

(3)拆出旁承体时其侧板、上顶板不得产生永久弯曲变形，发生永久弯曲变形时弹性旁承体报废。

2. 下旁承座修理

(1)焊修堆焊面要有加工余量。

(2)堆焊部位采用刨(铣)床加工或磨平，恢复原形。

(3)各型旁承配件应更换时，按规定换装标准配件。

3. 下旁承组成组装

(1)JC 型旁承体与旁承座的组装应使用专用工装，在旁承体两侧板顶面同时施加垂向压力，垂向压头与顶面接触长度不小于 40 mm，将弹性旁承体从旁承座上平面平行压入旁承座内，并使侧板与定位槽内侧面密贴，旁承体顶板不得产生永久变形。

(2)滚子轴端部平面向下，滚子应转动灵活。

(3)弹性旁承组成任何部位不允许涂润滑脂，除规定部位外，不得有油漆、氧化皮及其他残留物。

(4)JC 型下旁承组成后，弹性旁承磨耗板顶面距滚子上部高度距离须符合要求，不符合要求时，新品弹性旁承组成组装时不得调整(PB 型棚车除外)，检修中可在弹性旁承体与旁承座之间加 1 块 2～5 mm 调整垫板进行调整。

(5)摆式转向架旁承体上、下部底平面的距离 A 小于 10 mm 时更换为新品，如图所示；距离为 10～12 mm 时，应在旁承体下平面加装带孔的旁承垫板，垫板厚度为(14－A)mm，如图 5-9 所示。

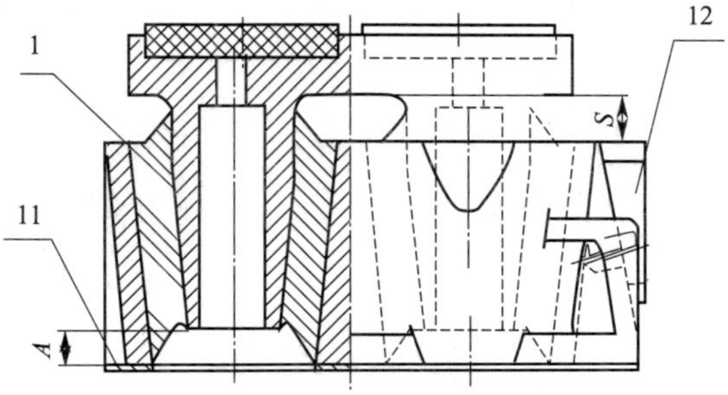

摆式转向架旁承体示意图

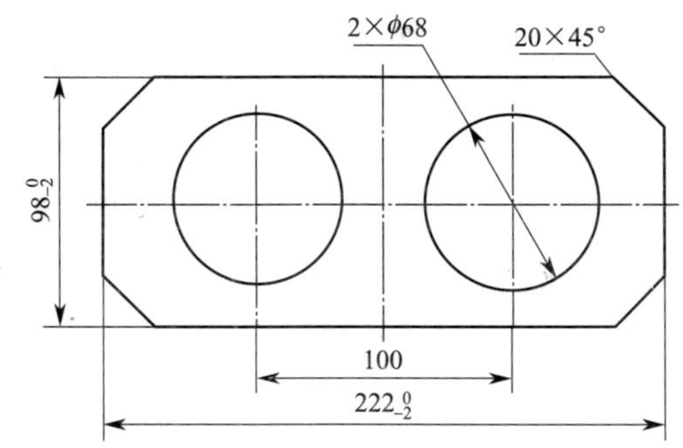

图 5-9　摆式转向架橡胶弹性下旁承下平面安装垫板示意图

(6)转 K4 型转向架装用的钢弹簧弹性旁承，应更换为符合图样 ZCP204D-00-00 要求的橡胶弹性旁承。

(7)转 K4、转 K5 型转向架装用的符合图样 ZCP204B-00-00 要求的原橡胶弹性旁承(磨耗板采用一块 88 mm×168 mm 改性尼龙板，与旁承体采用两个 M12×50 螺栓连接)，螺栓折损或旁承磨耗板脱出、丢失或更换新品时，换装符合图样 ZCP204D-00-00 要求的橡胶弹性旁承(旁承磨耗板为两块 ϕ80 mm 改性尼龙板，嵌入在旁承体上平面)。

(8) 旧型转 K2 弹性旁承更换时，须更换为符合图样 QCZ83JX-80-00 的新结构 JC 型弹性旁承，全车应一致。

八、下心盘、心盘磨耗盘及中心销修理

1. 平面裂纹长度之和不超限时钻止裂孔，清除裂纹后焊修，焊修后须热处理（经埋弧自动堆焊处除外），大于时报废；心盘圆脐根部圆周裂纹时报废，圆脐柱面裂纹时清除裂纹后焊修，焊修后须热处理；圆锥台、螺栓孔及四角裂纹时报废。

2. 平面磨耗超限时焊修后加工，恢复原形。直径磨耗超限时须使用自动焊机堆焊，焊修后加工，恢复原形。圆脐内、外径原形磨耗超限时堆焊后加工恢复原形尺寸。

3. 下心盘变形时调修，调平后检测心盘底面平面度不大于 1 mm。

4. 心盘磨耗盘可有 1 处从周边至中心孔的裂纹或 2 处以上长度之和不大于 150 mm 的裂纹，超限或破损时更换。导电式心盘磨耗盘的导电柱全部脱落时更换为新品。

5. 心盘磨耗盘立面磨耗底面磨耗超限时更换。新品心盘磨耗盘自制造之日起到装车使用前的储存期不得超过 2 年。

6. 中心销裂纹时更换，弯曲时调修，直径磨耗超限时焊修后加工或更换。

九、横跨梁修理

1. 横跨梁调修时须使用专用的调修设备。

2. 矩形管横跨梁纵向裂纹时焊修；槽钢横跨梁螺栓孔处平面磨耗时堆焊后重新钻孔。

3. 材质为 0Cr18Ni9 的触板焊修时使用 A302 或 E306H 不锈钢焊条，按《B级钢配件焊修及热处理》（HG 1006—2008）执行。

4. 调整横跨梁调整垫板与抑制盘触头间隙时，可在横跨梁触板上焊装材质为 0Cr18Ni9 的触板磨耗板，规格须符合规定，数量不超过 2 块，两长边满焊。

5. 更换矩形管横跨梁螺栓孔套筒时，周边满焊。

6. 触板焊修后须机械加工。工作面须光洁，不得有焊渣等异物。

十、轮轴修理

1. 轴承开盖

(1)轮轴探伤、退卸、车轮旋修前或须确认车轴标记时，应对滚动轴承进行开盖。

(2)不退卸轴承开盖时，原标志板要与原轮对的滚动轴承对应，同步传递。

2. 轴承退卸及修理

(1)轴承退卸后按照报废、大修、一般检修进行分类存放,并做好标识;

(2)需大修或一般检修的轴承应将标志板与轴承同时进行包装,送指定地点检修;

(3)轴承前盖、后挡、螺栓等附属配件应按型号、种类分类存放,送指定地点修理;

(4)轴承退卸后,将轴颈擦拭干净。

3. 轮对修理

轮对为厂修和段修。段修时车轮与车轴不分解检修,对轮对检查中发现的故障进行修理,包括:轴身修理、车轮修理、中心孔修理、重皮处理、螺栓孔修理、辐板孔修理。

4. 轮对冲洗除锈

(1)对防尘板座部位、辐板外侧等污垢较多部位进行局部处理,提高清洗除锈质量。

(2)轴身、防尘板座、辐板孔内侧探伤部位经除锈后各部位表面须露出基本金属面,不得有油漆、锈垢存在。达不到探伤要求时,应进行手工补充除锈,否则不得进入下道工序。

(3)轴颈卸荷槽有锈迹部位用砂布轮或00号砂布蘸机油进行人工除锈;对局部除锈不彻底及锈蚀严重的轴端,允许局部打磨,但轴端标记应保证清晰。

(4)轮对辐板内、外侧应无油垢。

(5)不开盖的轮轴须对前盖及轴端螺栓与探伤机磁轭接触部位进行除锈,以保证探伤效果。

5. 轮对旋修

(1)车轮踏面及轮缘修理要求:

①车轮踏面及轮缘须按磨耗型(LM型)踏面的外形加工及测量,车轮踏面及轮缘须采用数控的方式加工。仅轮辋辗宽超限时,可只旋除辗宽部分。

②车轮踏面及轮缘裂纹、缺损、辗堆、剥离、擦伤、局部凹陷等缺陷超限时,须将缺陷全部旋除。

③车轮踏面及轮缘加修后,其加工部位的表面粗糙度符合要求;提速轮对踏面及轮缘旋修后不得留有黑皮。非提速轮对轮缘外侧及踏面部位可局部留有黑皮,但连接部位应平滑过渡,踏面及轮缘旋修后留有黑皮及未经旋修者,同一车轮踏面与轴颈面在同一直径线上测量的两点距离差不超限。

(2)质量检查

①车轮旋修后须重新测量车轮直径、轮辋厚度、轮缘厚度、踏面圆周磨耗等

尺寸，须符合规定要求。

②使用轮缘根部样板对所加工的轮缘根部进行三处检测，应基本吻合，轮缘根部与样板的间隙不超限时方可使用。

③对所加工的部位应使用量具进行复测，尺寸须符合规定要求。

④旋轮后轴颈不得有拉伤或碰伤，否则应进行修理；轴承不得有碰伤或铁屑进入轴承端部，否则应退卸轴承。

6. 轴承压装

(1)轴承压装包括：轴颈、防尘板座擦拭，轴颈、防尘板座、轴承、后挡检测，轴承与轴颈、后挡与防尘板座选配，后挡和塑钢隔圈装配(353130B型轴承)，轴颈、防尘板座涂脂，轴承压装，刻打标志板，组装轴承前盖等附件，轴向游隙检测，轴承磨合测试，轮轴检查交验。

(2)同一轮对上须压装同型号的轴承。

7. 轮轴修理后应填写“轮轴卡片”。

第四节　制动装置修理

一、基础制动装置修理

1. 制动杠杆、拉杆修理

(1)制动杠杆、拉杆裂纹时更换，腐蚀或磨耗超限时堆焊后加工或更换，弯曲时调修。杠杆尺寸须符合图样要求，不符时应堵孔后重新钻孔、镶套。

(2)衬套丢失、松动或破损时，应拆除原衬套重新镶套。

(3)镶套后，衬套内、外表面不得有裂纹、破损、夹杂物及氧化锈蚀等缺陷。镶套应使用专用工装压装，不得锤击。镶套后衬套与孔之间不得有贯通间隙，位置正确；销孔、衬套周边不得有裂纹，衬套不得松动。

(4)新焊装拉杆头的搭接量应符合规定，焊修后须拉力试验合格。

2. 制动梁修理

(1)探伤部位裂纹时修理或更换。

(2)组合式制动梁全长超限时修理恢复原形或更换；两闸瓦托中心距离超限时更换梁架或调整闸瓦托位置；两闸瓦托中心至支柱中心距离差($L_{差}$)超限时，可调整支柱位置、更换闸瓦托或更换制动梁架，转K3型制动梁调整闸瓦托位置或更换制动梁架，恢复原形。制动梁支柱孔中心至闸瓦托弧面中心距因闸瓦托磨耗造成超限时，可修复闸瓦托，无法恢复时，更换闸瓦托或支柱。两闸瓦托扭曲超限时调修恢复原形或更换。两闸瓦托倾斜度超限时调修恢复原形或更换。

(3)制动梁安全链及螺栓腐蚀、磨耗超限时更换;羊眼螺栓滑扣时更换。安全链卡子裂纹或松动时更换。

(4)磨耗套裂纹或磨耗超限时更换,磨耗套松动时重新铆接;磨耗套铆接后,铆钉应不超出磨耗套表面;同一 L-A 型、L-B 型组合式制动梁两端滑块磨耗套型式须一致。

(5)制动梁支柱及夹扣、闸瓦托更换后应进行拉力试验。

(6)槽钢制动梁滚子轴挡圈更换新品。组装时挡圈与闸瓦托须密贴,滚子轴挡圈与闸瓦托三等分点焊定位后焊固。

(7)闸瓦插销磨耗超限时更换。

(8)闸瓦厚度及同一制动梁闸瓦厚度差须符合规定。

二、现车空气制动装置修理

1. 制动管系出现以下故障时更换:主管、支管钢管裂纹或壁厚腐蚀超限;主管、支管、连接管、活接头、接头、吊卡等折裂;法兰体裂纹或弯曲变形超限。

2. 制动管系修理时须符合:不锈钢管不得加热调修,其他钢管火焰加热调修后,须清除内、外表面氧化皮,内管壁须进行磷化处理。新制法兰式制动管焊接时,须采用工装定位并组焊钢管与接头体,组焊后须采用压缩空气将制动管内部吹净并进行气密性试验。

3. 各阀安装座及中间体裂纹时更换,安装螺栓处螺纹滑扣时攻制螺纹或更换。

4. 制动阀、安全阀用滤尘器变形破损时更换。

5. 球芯截断塞门、集尘器损坏、失效时,须更换为组合式集尘器。

6. 折角塞门损坏、失效时,须更换为不锈钢球芯折角塞门,更换球芯折角塞门时,端梁孔直径扩为 $\phi 80$ mm,并将孔边磨光、磨圆。

7. 空重车转换塞门手把传动轴弯曲时调修,裂纹、折断时焊修或更换。

8. 截断塞门和空重车转换塞门须拆下弹簧托盖,取出弹簧及塞门芯,将塞门体内部擦拭干净,漏泄时研磨后,将研磨剂擦拭干净,涂适量 89D 制动缸脂后组装。

9. 集尘器须拆下集尘盒,清除集尘盒内尘垢、积水,止尘伞及集尘盒内须擦拭干净,止尘伞裂纹、破损、变形时更换。

10. 制动缸、储风缸修理。清除制动缸、储风缸表面锈垢,检查各部,腐蚀深度超限时更换;裂纹时焊修。铸造的副风缸有气孔、砂眼时焊修,连通管锈蚀严重或端部连接处漏泄时更换。储风缸裂纹时焊修或更换，缸体壁厚腐蚀深度超限时更换。焊装于缸体上的固定式吊座变形时调修。储风缸焊修后，须进行水压试验，不得漏泄，不得产生永久变形，水压试验后须清除缸体内积水。

三、空气制动配件修理

1. 制动阀修理。阀类弹簧锈蚀、变形、裂纹、折断或在数控弹簧测力机上检测不合格时更换。滑阀座、滑阀、节制阀等各滑动工作面接触不良、划伤时研磨。各孔堵塞时可用小于各孔直径且硬度低于零件硬度的通针疏通，疏通时不得损伤孔边缘和内壁，清洗后吹干净。阀口不平整或轻微损伤时，可用细油石研磨修复，研磨后将残留物清洗干净。

2. 空重车自动调整装置修理。弹簧锈蚀、变形、裂纹、折断或在数控弹簧测力机上检测不合格时更换。

3. 安全阀修理。各配件有裂纹、弯曲时更换；阀与座接触不严密时研磨；弹簧自由高超下限或折断时更换。

4. 球芯折角塞门修理。阀体裂纹、破损时更换。不锈钢球芯折（直）角塞门的手把和套口须更换为铸铁球芯折角塞门的手把和套口，塞门手把丢失的须补装铸铁球芯折角塞门手把。

5. 缓解阀修理。阀体裂纹时更换，阀杆弯曲、裂纹时更换。阀杆头部磨耗严重影响作用时更换。弹簧衰弱或折断时更换，托盖及阀体丝扣损伤时更换。

6. 编织制动软管修理。软管垫须更换新品；接头裂纹、缺损、螺纹磨耗超限时更换；软管体老化、破损、脱层时更换；编织制动软管总成的外护簧断裂、锈蚀严重时更换；经风、水压试验合格的编织制动软管总成涂刷黑色底漆，干燥后，在软管中部涂打检修标记。

7. 脱轨自动制动阀修理。阀体裂纹时更换；弹片锌铬涂层剥落、露底或湿法磁粉探伤时有裂纹，或平面度超限时更换；调节杆与作用杆螺纹腐蚀超限时更换，损伤时修理或更换；作用杆上的键变形、磕碰伤影响组装时更换，弹性销更换新品；阀杆应磁粉探伤检查。

四、人力制动机修理

各型人力制动机零件裂损时更换，丢失时补装。手制动轴磨耗超限时焊修后加工；制动轴链及各拉链链环直径磨耗超限时更换。制动轴链、制动拉杆链、脚踏式制动机拉链焊修后须分别进行拉力试验，不得裂损或产生永久变形。

脚踏式制动机、FSW 型、NSW 型制动机修理后应性能试验合格。

制动装置修理后，应将分别填写“货车检修记录单”、“制动梁检修记录”及各种空气制动配件检修记录。

第五节　车钩缓冲装置修理

一、现车钩缓配件修理

1. 钩提杆、提钩链、开钩框、钩提杆座修理

（1）钩提杆、钩提杆座、开钩框、开钩框止挡裂纹、破损时更换。

（2）钩提杆、开钩框、开钩框止挡变形时调修。

（3）提钩链、马蹄环直径磨耗超限时更换；钩提杆座与钩提杆配合孔边缘剩余厚度超限时更换。下作用钩提杆座与钩提杆配合处间隙超限时，将磨耗部位堆焊后磨平或加工。

2. 钩托梁、钩尾框托板、安全托梁、钩尾销托板修理

（1）钩托梁横裂纹时更换。

（2）钩托梁弯曲超限时调修，钩尾框托板弯曲时调修或更换。

（3）13 号车钩托梁、16、17 型安全托板磨耗超限时堆焊后磨平或更换。

（4）13 号车钩托梁磨耗板、钩尾框托板上的焊装磨耗板（或活动槽形板）磨耗超限时更换；16 型车钩钩尾销托表面磨耗、16、17 型钩尾框托板、钩尾销托梁的磨耗板磨耗超限时更换。

（5）钩尾框托板上的焊装磨耗板更换时，两侧端部各施以 30 mm 长的段焊；含油尼龙钩尾框托板磨耗板超限时更换。

3. 16、17 型车钩弹性支承装置修理

（1）弹性支承装置各配件裂纹时更换。

（2）支撑弹簧座腔内磨耗板、车钩支撑座止挡铁磨耗超限时更换。

（3）车钩支撑座两外侧面磨耗超限时堆焊磨平；磨耗板磨耗超限时更换。

（4）支承弹簧自由高超下限时更换，超上限时可每端同高配套使用，不得热修；弹簧腐蚀直径量减少超过 8%时更换。

二、车钩缓冲装置修理

1. 钩体修理

(1)下列故障时更换钩体：

①钩颈、钩身横裂纹超限时；

②16、17 型钩尾销孔裂纹深度超限时；

③16、17 型钩体左右、上下弯曲超限时；

④16、17 型钩腕外胀变形影响全开位置时；

⑤13 号、13A 型、13B 型车钩钩尾销孔后壁与钩尾端面间裂纹长度超限时；

⑥钩耳裂纹长度超限或 13 号、13A 型、13B 型钩耳孔壁厚超限时；

⑦钩耳内侧弧面上、下弯角处裂纹长度之和超限时；

⑧牵引台、冲击台根部裂纹超限时；

⑨钩体各部磨耗超限不允许焊修时。

(2)下列故障时修理：

①钩体各部裂纹不超限时，允许焊后热处理；

②16 型、17 型钩尾端部到钩尾销孔后壁的距离超限或 16 型、17 型钩身长度超限时，可将钩尾部堆焊后磨修光滑；车钩连锁套头磨耗或碰伤深度超限时堆焊后磨平，但禁止修理联锁辅助支架外形轮廓。

③13 号、13A 型、13B 型钩尾端部与钩尾销孔边缘的距离或钩尾销孔长径磨耗超限时，焊后打磨；钩耳孔直径超限时堆焊后加工；钩耳孔衬套松动、裂纹、缺损时更换衬套。

④13 号、13A 型、13B 型钩腕端部外胀变形影响闭锁位置时，调修、堆焊或焊装钢板后磨修平整；上作用车钩上锁销孔前后距离磨耗之和超限时堆焊后磨修恢复原形；钩腔上防跳台磨耗深度超限时堆焊后磨修或更换；下作用车钩钩腔下防跳台磨耗超限时堆焊后磨修恢复原形。

⑤13 号、13A 型、13B 型钩腕端部外胀超限或影响钩舌与钩腕内侧距离时允许调修、堆焊或焊装梯形钢板，焊后磨修平整。

(3)钩身磨耗板剩余厚度超限时更换。

2. 钩舌修理

(1)普碳钢钩舌各部裂纹或 C 级钢、E 级钢钩舌弯角处裂纹时更换。

(2)牵引台根部圆弧裂纹长度大于 30 mm 时更换；钩舌护销突缘部分缺损时更换，裂纹向销孔内延伸(突缘高度除外)大于 10 mm 时更换；13 号、13A 型、13B 型钩舌衬套松动、裂纹、缺损时换衬套。钩舌外胀大于 6 mm 时更换；16 型钩舌内侧面和正面厚度磨耗超过 5 mm 时更换。

(3)C 级钢、E 级钢钩舌内侧面裂纹；钩舌护销突缘部分裂纹向销孔内延伸

（突缘高度除外）大于 10 mm 时焊修。

（4）13 号、13A 型、13B 型钩舌内侧面和正面磨耗超限时堆焊后加工。

（5）13 号、13A 型、13B 型钩舌锁面磨耗超限时堆焊后磨平。

（6）16 型钩舌销孔磨耗超限时堆焊后加工。

（7）13 号、13A 型、13B 型钩舌钩锁坐入量不足 45 mm 时修理恢复原形，不得在现车堆焊。

（8）钩舌裂纹焊修后需进行热处理；经过热处理或探伤部位经过机械加工后，须进行复探。

3. 钩尾框修理

（1）普碳钢（材质为 ZG230-450）的 13 号、13A 型钩尾框裂纹时更换。C 级钢、E 级钢尾框前、后端上、下弯角 50 mm 范围外纵裂纹或和裂纹不超限时允许焊修，焊后须进行热处理并探伤检查。

（2）16 型、17 型钩尾框及 C 级钢、E 级钢的 13A 型、13B 型钩尾框前、后端上、下弯角 50 mm 范围内裂纹时更换，横裂纹超限时更换。

（3）钩尾框框身剩余厚度磨耗超限时更换或焊修。

（4）16 型钩尾框距前唇内侧直径超限或前唇内侧到尾部内侧距离超限时更换。

（5）钩尾框其他部位磨耗超限时，焊后打磨光滑。

（6）框身磨耗板磨耗超限时更换。

4. 缓冲器修理

MT-2 型、MT-3 型、ST 型缓冲器施行大修制度；MT-2 型缓冲器配套使用在 16 型、17 型车钩时，应更换缩短销钉。

5. 钩锁修理

钩锁锁面磨耗、开锁坐锁面磨耗、锁导向面磨耗超限时，允许焊后加工或打磨光滑，其他部位磨耗超限时更换。

6. 车钩缓冲装置修理后，将修理方法分别填入“车钩检修卡”、“钩舌检修卡”、“钩尾框检修卡”和“缓冲器检修卡”中。

第六节　油漆与标记

一、油漆涂刷

1. 铁路货车检修的涂漆部位

（1）车辆标记涂打部位；

(2)经过机械或人工除锈部位;

(3)车辆或配件油漆脱落、腐蚀部位;

(4)铆接、焊接、热处理等热工艺造成油漆脱落的部位;

(5)铆接或其他方式组装前的金属结合面。

2. 铁路货车检修使用油漆的主要种类

(1)底漆类——水溶性(溶剂型)厚浆醇酸漆、环氧云铁厚浆漆、磁化铁防锈漆及与之相当的防锈漆等。

(2)面漆类——水溶性(溶剂型)厚浆醇酸漆、醇酸磁漆、醇酸清漆等。

3. 油漆涂刷的基本要求

(1)各种油漆须附产品合格证,油漆中不得掺汽油、煤油,以防油漆粉化。

(2)冬季涂刷时,油漆中允许添加不超过5%的催干剂。

(3)不同种类的油漆,禁止掺兑使用。

(4)涂漆应在焊、铆件或加热调修、热处理充分冷却后进行;涂漆处所应呈干燥状态,金属表面锈垢或熔渣须清除。

(5)各涂刷部位的漆膜须覆盖全面、均匀、良好,不流坠。

(6)内外表面油漆颜色(含制动装置)须与制造时一致。

(7)补漆时,车辆锈蚀、油漆剥落部位进行手工除锈,清除表面锈垢及周边脱层的漆膜后,对腐蚀部位及旧标记部位进行涂漆。车体所涂面漆除另有规定者外,须按原车面漆颜色涂刷并与全车颜色一致。补漆须全部覆盖剥漆部位,涂抹均匀,与周围漆色一致;车体及底架涂刷油漆形状应呈方形且四边与车体或底架四边基本平行,油漆干膜总厚度符合要求。

(8)凡需涂刷2遍及以上油漆者,须于前遍油漆干燥后(以不沾手为准),方可再涂刷下遍油漆。

二、铁路货车标记

1. 标记规范

(1)各种标记均须重新涂打,并须齐全、准确、位正、清晰。

(2)技术性能标记和检修标记规格、位置等须符合TB/T 1.1《铁道车辆标记 一般规则》、TB/T 1.2《铁道车辆标记 文字与文体》规定及图样要求。装运酸碱类货物罐车及运输危险品专用铁路货车,按《铁路危险货物运输管理规则》等有关规定涂打标记。

(3)涂打标记时,须待面漆干燥后(以不沾手为准),方可涂打。标记均不得手写。标记颜色和标记处所的底色规定见表5-1。

表 5-1　标记颜色和底色对照表

底　　色	黑、铁红	白、黄或银色	绿、蓝
标记颜色	白	黑	淡黄

(4)铁路货车标记中的汉字采用宋体字,采用国家正式公布执行的简化字;汉语拼音字母、阿拉伯数字须符合图样要求;计量单位符号采用法定计量单位制单位符号,采用正体拉丁文字母。

(5)涂打标记时,须待底漆干燥至不沾手程度时,方可涂打。标记均应采用漏模涂打,配件标记可采用机械涂印等新技术,不得手写。

2. 车体标记

(1)铁路货车共同标记:包括路徽标记、车型车号标记、联运标记、货车性能标记、定位标记、检修标记、配属标记、车钩中心线标记等。

(2)车辆特殊标记:包括具备输送人员功能的棚车"人"标记、关闭端门的"关"标记、禁止过机械化驼峰的"峰"标记、牵引钩部位的"卷"标记、平(集)车及长大货物货车的集中载重标记;罐车货物品名标记、"进气压力"标记、"容量计表"标记、危险品货物标记;毒品车标志"☠"等。

(3)其他运输、提示标记:包括转动车钩端的"转动车钩端"标记、"限增"标记、下旁承型式标记;安全警示标记、押运间标记、;企业自备车或专用车的配属标记;铁道部规定的其他临时标记等。

3. 零部件检修标记

(1)空气制动配件检修标记:包括三通阀、分配阀、控制阀、紧急阀、传感阀、调整阀、编织制动软管总成、安全阀;经分解检修后的脱轨自动制动阀等。

(2)车体配件:包括呼吸式安全阀、给风调整阀、操纵阀、闸调器的检修标记;手动空重车转换塞门手把及指示牌、截断塞门手把、紧急制动阀体及手把等颜色标记;制动缸活塞杆标记;NSW 型手制动机的作用标记等。

(3)转向架标记:包括交叉支撑装置、下心盘、制动梁等检修标记;转向架弹簧装用标记。

(4)车钩缓冲装置检修标记:包括钩舌、钩体、牵引杆、钩尾框、缓冲器等零件。

第六章　铁路货车零部件组装

铁路货车零部件组装时，除铁道部批准改造的零部件外，不得改变原结构、材质和形状，装用的零部件须与设计规定一致。但原车可以选用零部件时，可用新型零部件代替旧型零部件。铁路货车使用有特殊需求时，在不改变原车结构和固有标记、不违反铁道部有关规定的前提下，可按检修单位与需方签订的协议办理。

第一节　转向架组装

一、组装摇动座及弹簧托板

1. 托起弹簧托板，将转 K4、转 K5 型侧架上的 2 个摇动座支承开口端相对置于侧架底部安装槽内，摇动座支承要紧贴侧架，不允许摇动。

2. 将摇动座置于侧架内，校准摇动座两端，使之置于摇动座支承凹陷面内，再将摇动座朝侧架一侧倾斜至不能移动为止时，用符合图样的样板检查，全长范围内通端通过、止端止住，如图 6-1 所示。在摇动座朝侧架一侧倾斜至不能移动、且通端不能到位时，可在摇动座支承底面与侧架间安装一块 94 mm×84 mm×(2～3) mm 的钢垫板；样板止端触底时，可调整摇动座支承底面的钢垫板的厚度或将侧架凸台面堆焊后磨平。

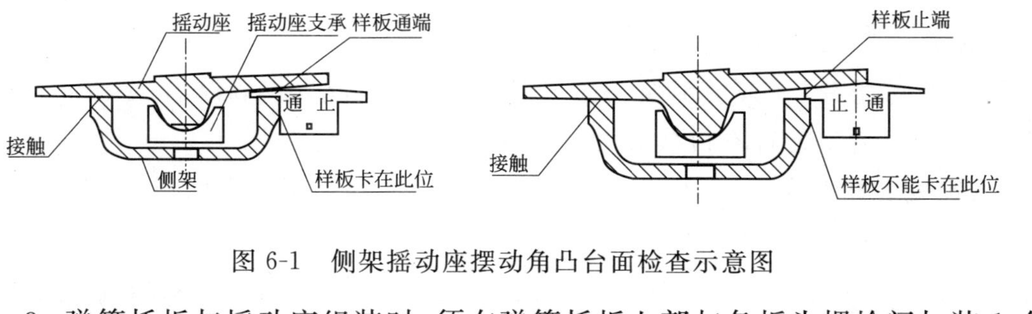

图 6-1　侧架摇动座摆动角凸台面检查示意图

3. 弹簧托板与摇动座组装时，须在弹簧托板上部与各折头螺栓间加装 1 个符合规定的垫圈，并配套装用符合要求的 ZT 型圆柱折头螺栓，紧固折头螺栓直至贴合面拧断。

二、组装交叉支撑装置

1. 交叉支撑装置组装时要使用专用定位胎具，在双耳垫圈与锁紧板之间安装标志板，交叉支撑装置端头螺栓用智能扭矩扳机紧固，扭紧力矩须符合规定，并要全数用手动扭力扳手校核。止耳要翘起，至少有两相对止耳与螺栓头部六方平面密贴。

2. 组装完成后，按规定进行正位检测。

三、组装弹簧、斜楔

1. 依次装入摇枕弹簧、减振弹簧及斜楔，弹簧要装入弹簧定位凸脐。

2. 圆弹簧不允许调修；有折断、裂损，自由高超限，弹簧圆钢直径腐蚀、磨耗超限，弹簧支承圈不足等情况之一时更换，控制型圆弹簧更换新品的材质为60Si2CrVA。

3. 圆弹簧选配时，各型圆弹簧内、外圈要进行装配，旋向相反，同一辆车要选配规格、型号相同的摇枕弹簧、减振弹簧，各型圆弹簧的规格及限度符合要求。

4. 不允许装用无生产厂代号、铸造标识的组合式斜楔。

5. 斜楔型式要符合要求，斜楔主摩擦面及副摩擦面磨耗不过限。

6. 组合式斜楔主摩擦板背面与斜楔体安装面间隙超限时要调整；主摩擦板材质为高分子材料，磨耗不过限；主摩擦板断裂区域限度或缺损面积之和超限时更换。

四、组装基础制动装置

1. 组装制动梁

(1)同一辆车制动梁及闸瓦型式要一致。原车装用防脱制动梁或高摩合成闸瓦者仍要装用防脱制动梁或高摩合成闸瓦。转 K2 型、转 K4 型转向架原装用低摩闸瓦者，须按规定换装为 L-B 型组合式制动梁、高摩合成闸瓦。原车装用组合式制动梁者不得换装为槽钢制动梁。

(2)安装防脱制动梁时，要逐个测量闸瓦托防脱翼板下平面与侧架滑槽上挡铸筋之间的间隙，间隙控制符合要求。

(3)安装制动梁安全链螺母时，须装弹簧垫圈或背母；制动梁安全链卡子为铆接结构时，应使用符合规定的螺母和开口销，开口销组装后应位螺母开槽内。

2. 组装制动拉板、拉杆及制动圆销。各制动圆销竖向或斜向安装时要由上向下装入，各圆销涂润滑油，各圆销与销孔的间隙控制在 3 mm 以内。同一铁路货车两转向架的下(中)拉杆组装后圆销销孔相差不允许超过1孔(漏斗车除外);固定杠杆支点要留有调整余量,3孔者留有1孔,其他型要留有2孔及以上。

3. 组装扁开口销。固定杠杆与固定杠杆支点,固定杠杆支点与固定杠杆支点座,固定杠杆、移动杠杆与制动梁支柱,固定杠杆、移动杠杆与中(下)拉杆间采用扁孔圆销及扁开口销;柔性支点内的链蹄环间采用扁孔圆销和扁开口销。扁开口销在扁孔圆销上组装后,扁开口销销尾须卷起,并超过圆销杆圆周长度的3/4圈。组装后扁孔圆销的窜动量应符合规定,圆销端部不得与其他零部件干涉。

4. 组装闸瓦及闸瓦插销,各型敞车的闸瓦插销要安装闸瓦插销环。

5. 组装安全锁。装用交叉支撑装置的转向架要在闸瓦托内侧使用安全索将交叉杆与制动梁缠绕后卡牢,更换安全索时须符合图样要求;转向架装用无下拉杆安全吊的L-A、L-B型制动梁时,要采用安全索将下拉杆与制动梁套在一起。

五、组装横跨梁及附件

1. 横跨梁与托座间采用符合图样的横跨梁专用螺栓,端部加装符合标准的铝质抽芯铆钉。

2. 横跨梁垫板总厚度须符合要求,不允许超过2块,且要安装在尼龙磨耗板的下面,转K4安装在弧形垫板的下面,弧形板安装时须弧面向下置于横跨梁底部。

3. 同一转向架两侧架上的横跨梁托座与横跨梁之间的间隙不超限。

4. 转K2型、转K4型转向架低摩制动改造后装用的横跨梁须符合图样要求。

5. 横跨梁组装螺栓要良好,垂直移动量须符合规定,调整垫圈数量控制在3个及以内。

六、组装承载鞍

1. 将轴箱弹簧或轴箱橡胶垫放在承载鞍顶面。轴箱橡胶垫的铜铰线要装在转向架内侧。

2. 组装承载鞍及轴箱橡胶垫并用专用卡具卡牢。

3. 同一货车承载鞍型式要一致,不允许混装。转8A、转8AG、转8G、转8AB、转8B型转向架原装用的Ⅰ型承载鞍须更换为Ⅱ型。摆式转向架同一辆车的承载鞍圆弧半径、导框摇动座圆弧半径须分别相同。

4. 转 8A、转 8AG、转 8G 型转向架承载鞍顶面可安装钢垫板，同一轮对要同时安装垫板。转 8AG、转 8G 型转向架的车轮直径小于 ϕ770 mm 时，要在承载鞍上安装 1 块钢垫板。转 8AB、转 8B 型承载鞍与侧架间不允许加装活动垫板，车轮直径不得小于 ϕ770 mm。

5. 转 8A 型侧架组装前，要在侧架导框内侧面、立面（即导框摩擦面）各部分均匀涂抹适量润滑脂。

七、组装下心盘及磨耗盘

1. 下心盘组装时，摇枕心盘安装座与心盘接触面螺栓孔周围的毛刺须清除，凸起须磨平。金属结合面之间要涂防锈漆，转 8A 型转向架要进行心盘改制并加装心盘磨耗盘。

2. 螺栓组装的下心盘垫板总厚度须符合要求，数量须符合要求；但转 K5、转 K6、转 K7 型转向架不得装用竹质垫板。钢质、竹质垫板混装时，钢质垫板要放于底层；钢质垫板厚度须符合规定；钢质垫板超过 1 层时，须在钢板层间四周点焊固。

3. 下心盘组装时，须使用 FS 型或 BY-B、BY-A 型防松螺母，并配套使用强度符合规定的 10.9 级螺栓，螺栓头部须有 10.9 级标记；装用 BY 型防松螺母时须安装符合标准的加重型弹簧垫圈，装用 FS 型防松螺母时，取消弹簧垫圈并安装等级为 04 级的薄螺母。心盘螺栓拧紧力矩符合要求。开口销劈开角度不小于 60°。

4. 组装或补装转 8A 型转向架下心盘螺栓、螺母时，要采用锁固剂对下心盘连接螺栓与螺母啮合部分进行锁固。

5. 安装心盘磨耗盘时，下心盘内及心盘磨耗盘内外表面不得有油污、油漆、尘土、铁屑等异物。拆卸、安装心盘磨耗盘时，不得损坏心盘磨耗盘。

6. 中心销插入摇枕长度及露出长度符合要求。

八、组装下旁承及上拉杆托

1. 转 8A、控制型下旁承组成组装时，要符合下列要求：

(1)下旁承体坐入旁承盒的深度不超限。

(2)旁承盒下部要至少有 1 块厚度不小于 2 mm 的钢垫板。

2. 转 8AG、转 8G、转 K1、转 K2 型常接触下旁承组成组装时，要符合下列要求：

(1)下旁承调整垫板总厚度须符合规定。转 8AG、转 8G 下旁承座底部高度不超限,数量为 1～2 块;转 K1、转 K2 型转向架下旁承调整垫板数量为 1～3 块。

(2)测量下旁承磨耗板上平面至滚子上部距离,须为规定值。

(3)旁承座与旁承盒的纵向间隙之和不超限,超限时用调整垫板调整,调整垫板与旁承盒上边缘要焊固。

(4)转 K2 型常接触旁承更换时,要全车更换为 JC 型双作用弹性旁承。转 8AG、转 8G 型转向架原装用的符合图样 QCZ105-80-00 的旧型弹性旁承更换时,全车同时换装符合图样 QCZ105A-80A-00 的 JC-1 型弹性旁承。

(5)旁承座安装方向为:同一摇枕相反,同一铁路货车同侧同向。

3. JC 型双作用弹性旁承组装时,要符合下列要求:

(1)旁承座与摇枕旁承盒间允许加装调整垫板进行调整,总厚度须符合规定,调整垫板数量为 1～3 块。

(2)旁承座与摇枕旁承盒纵向间隙之和不大于 1 mm(1 mm 厚度塞尺在调整垫片全宽范围内检查不得通过),大于时须调整纵向间隙调整垫片厚度。纵向调整垫片厚度不小于3 mm,垫片焊角不小于 3 mm,垫片须与摇枕旁承盒内侧壁接触。必要时,摇枕旁承盒两端可同时焊装调整垫片。

(3)JC-1 型旁承支承磨耗板伸出部位的下平面与摇枕旁承盒顶面垂向间隙符合规定,小于时需修磨旁承盒。

(4)组装时须确认弹性旁承型号,不得错装。JC-2 型旁承座侧面设有 1 个、JC-3 型 2 个防误装凹槽,JC 型旁承座侧面无防误装凹槽,配套摇枕旁承盒内设有与 JC-2、JC-3 防误装凹槽相对应挡块。

(5)旁承座安装方向为:同一摇枕相反,同一铁路货车同侧同向。

4. 转 K4、转 K5 型下旁承组成组装时,要符合下列要求:

(1)下旁承上平面与下心盘上平面的距离(含磨耗盘)可通过调整下旁承垫板厚度进行调整。

(2)下旁承垫板总厚度控制符合要求,数量为 1～3 块。

(3)当转 K4 型心盘垫板厚度大于 25 mm 时,可在上旁承焊装厚度不小于 20 mm 的垫板。

5. 组装合格的摇枕上拉杆托架及滚套,托架滚轴上的开口销要卷起贴靠滚轴。

九、组装轮轴

1. 选配好的轮轴标明位数,按位数顺位放置,将组装好的构架安装在轮轴上，撤除承载鞍卡具。

2. 同一转向架、同一铁路货车装用的轮轴型式要一致，轮对型号须符合规定。

3. 轮轴左端要装在铁路货车的奇数位。

4. 承载鞍鞍面与滚动轴承外圈配合正位，不允许用重物撞击侧架进行调整。

十、组装挡键

1. 转K2型转向架使用旧型挡键时，开口销应与螺栓盘紧。

2. 新补充安装挡键时，应装用伸缩式挡键及配套的螺栓，并用半沉头铆钉将螺栓铆固。

十一、转向架落成检查

1. 质量检查一般要求

(1)各螺栓组装紧固后，螺杆露出螺母1扣以上。

(2)金属配件结合面在组装前要涂防锈漆(枕簧除外)。

(3)摩擦转动部分要涂润滑脂，但摩擦式减振器、转8AG、转8G、转8AB、转8B、转K2、转K4、转K5、转K6型转向架的轴承外圈与承载鞍内鞍面间，承载鞍与侧架导框间，承载鞍与轴箱橡胶垫间，轴箱橡胶垫与侧架导框顶面间，心盘与磨耗盘间，上下旁承间，斜楔主摩擦板与侧架立柱磨耗板间，斜楔副磨耗面与摇枕斜楔磨耗板间，导框摇动座与侧架间，滑块磨耗套与滑槽磨耗板间，承载鞍顶面与导框摇动座间，摇动座与摇动座支承间均不涂抹润滑脂；转8A型转向架承载鞍顶面与侧架导框支承面间、上下心盘间、磨耗盘与上下心盘间的润滑脂及污物要清除干净，不允许涂抹润滑脂，原润滑脂用煤油清除；橡胶弹性旁承任何部位均不允许涂抹润滑脂。

(4)各零部件组装位置正确，弹簧入槽，螺栓紧固。

(5)各种圆销与销孔间隙不超限。

(6)同一铁路货车转向架型号要一致，转向架构架检修后要装回原车，不允许互换，更换转向架要符合规定。同一转向架两侧架固定轴距差要符合规定。

(7)实行寿命管理的配件使用时间不过期。

2. 下心盘组装质量检查

(1)下心盘不允许有裂纹，平面、直径磨耗不超限。

(2)下心盘垫板安装符合规定。

(3)下心盘组装螺栓、螺母、开口销要符合规定，校核防松螺母扭矩，扭矩须符合规定。

(4)下心盘内不允许有异物及油脂。下心盘底平面与摇枕心盘安装面或心盘垫板之间不允许有间隙。

(5)转 8A 型转向架下心盘螺栓、螺母要采用锁固剂进行锁固。

(6)心盘中心销不允许有弯曲、裂纹、磨耗不过限。中心销插入摇枕长度及露出长度均不允许少于 150 mm(从下心盘凸脐上部测量)。

(7)心盘磨耗盘无裂纹、磨耗不超限。

3. 承载鞍组装质量检查

(1)转 8A、转 8AG、转 8G 型侧架承载鞍支承面与承载鞍顶面(或与垫板顶面)接触要良好，局部间隙不超限。

(2)轮对、承载鞍要正位；承载鞍推力挡肩内径与前盖、后挡最大外径间的径向间隙须符合规定；承载鞍挡边外侧与前盖、后挡凸缘间隙须符合规定。

(3)承载鞍与导框间隙符合要求。

(4)同一辆车上承载鞍型号要一致，新旧型不允许混装。

(5)转 K4、转 K5 型转向架承载鞍、导框摇动座、减振外圆弹簧要匹配。

4. 挡键组装质量检查

(1)使用旧型挡键时，组装后组装螺栓开口销要与螺栓盘紧。

(2)转 K2、转 K4、转 K5 和转 K6 型转向架新补充安装挡键时，要装用符合图样要求的伸缩式挡键及螺栓，并用沉头铆钉将螺栓铆固。

(3)检测挡键与轴承外圈的间隙须符合规定。

5. 侧架立柱磨耗板组装质量检查

(1)转 8A、转 8AG、转 8G、转 8AB、转 8B、控制型侧架立柱磨耗板铆钉不允许松动，不允许用螺栓组装。

(2)转 K2、转 K4、转 K5、转 K6 型要采用折头螺栓紧固，不允许松动。

(3)转 8B、转 8AB 型转向架要装用规定的组合式斜楔，配套装用加宽 45 钢立柱磨耗板。

6. 斜楔组装质量检查

(1)斜楔型式要符合规定。

(2)同一辆车斜楔型式和材质均应一致。

(3)转 8A、转 8AG、转 8G 型斜楔弹簧支承面不允许高于摇枕弹簧支承面。

(4)斜楔立面与侧架立柱磨耗板接触要良好，垂直方向不允许有贯通间隙，局部间隙须符合规定。

7. 弹簧组装质量检查

(1)各内外卷不允许顺卷,弹簧组装要正位、入槽,摇枕弹簧、减振弹簧及轴箱弹簧要落入相应弹簧定位脐及挡边之内。

(2)弹簧种类、数量须符合规定。

8. 下旁承组装质量检查

(1)转 8A、控制型下旁承体坐入旁承盒的深度符合要求,旁承体要无裂损。

(2)旁承盒下部要至少有 1 块厚度不小于 2 mm 的钢垫板。

(3)检测下旁承上平面与下心盘上平面(含磨耗盘)的距离,宜为参考值。超限时调整下旁承座及下旁承垫板。

(4)转 8AG、转 8G 型下旁承座底部高度不大于 30 mm。

(5)下旁承调整垫板总厚度及数量须符合规定。

(6)检测下旁承磨耗板上平面至滚子上部距离须符合规定。

(7)检测旁承座与旁承盒的纵向间隙之和须符合规定,超限时用调整垫板调整,调整垫板与旁承盒上边缘要焊固,JC 型、JC-1 型旁承盒两侧可用不同厚度的调整板调整。

(8)转 K2 型常接触旁承更换时,要全车更换为新型 JC 型双作用弹性旁承。

(9)交叉支撑转向架常接触旁承座安装方向为:同一摇枕相反,同一货车同侧同向。

(10)JC-1 型旁承在无旁承垫板状态下,旁承座伸出部分与摇枕旁承盒上部垂向间隙控制在 2 mm 及以上,不满足时修磨摇枕旁承盒。

9. 轮轴组装质量检查

(1)同一转向架、同一货车装用的轮轴型式要一致、轴承温升标准要一致,装用轮轴型号要符合规定。

(2)轮轴左端要装在货车的奇数位。

(3)密封罩无碰伤,轴端螺栓紧固良好,防松片止耳要撬起,两个止耳至少有一个要贴靠在轴端螺栓的六方平面上,施封锁要锁固,手拉不允许开锁。

(4)检测滚动轴承的前盖、后挡与承载鞍的间隙,承载鞍与导框的各部间隙应符合规定。

10. 横跨梁组装质量检查

(1)横跨梁及附件不允许存在裂纹、破损;腐蚀、变形、磨耗不超限。

(2)横跨梁垫板与横跨梁托调整垫板的间隙控制在 1 mm 以内。

(3)横跨梁与托座间采用符合图样的横跨梁专用螺栓,端部加装符合标准的铝质抽芯铆钉。横跨梁组装螺栓垂直移动量须符合规定,开口销须插入螺母的槽口，双向劈开，调整垫圈数量不超过3个。转K2型、转K4型转向架低摩制动改造后装用的横跨梁须符合图样要求。

(4)横跨梁垫板总厚度须符合规定，不允许超过2块，且要安装在尼龙磨耗板的下面。转K4型须安装在弧形垫板的下面。弧形板安装时须弧面向下置于横跨梁底部，调整垫板上方。

11. 交叉支撑装置组装质量检查

(1)新组装的交叉支撑装置要符合规定。

(2)在双耳垫圈与锁紧板之间要安装标志板，止耳要翘起，至少有两相对止耳与螺栓头部六方平面密贴。

(3)核对正位检测记录合格。

12. 制动梁组装质量检查

(1)同一辆车制动梁及闸瓦型式要一致，不允许混装。

(2)不允许装用旧型圆钢弓形杆制动梁。原车装用防脱制动梁或高摩合成闸瓦者仍要装用防脱制动梁或高摩合成闸瓦。转K2型、转K4型转向架原装用低摩闸瓦者，须按规定换装为L-B型组合式制动梁、高摩合成闸瓦。

(3)转8AB、转8B转向架要装用符合图样要求的L-B型组合式制动梁及高摩擦系数合成闸瓦。

(4)要装用部定点厂生产的闸瓦，无制造厂代号的闸瓦不允许使用，各型货车装用闸瓦要符合要求。

(5)制动梁安全链螺栓要有弹簧垫圈或背母；制动梁安全链卡子为铆接结构时，应使用符合规定的螺母和开口销，开口销组装后应位螺母开槽内；制动位的安全链松余量须符合规定。

(6)防脱制动梁防脱翼板下平面与侧架滑槽上挡铸筋间隙符合规定。

(7)各型敞车的闸瓦插销要安装闸瓦销环。制动状态时，各闸瓦须贴靠车轮踏面。

(8)制动梁滑槽磨耗板磨耗不过限、无裂损，平板式滑槽磨耗板焊缝质量良好，卡入式滑槽磨耗板凸起要嵌入侧架滑槽的凹窝中。拉试制动梁无阻塞、别劲等现象。

(9)制动梁与交叉杆的安全索要卡牢。

(10)装用无下拉杆安全吊制动梁要采用安全索将下拉杆与制动梁套在一起。

13. 基础制动配件组装质量检查

(1)制动杠杆、拉杆不允许异型，腐蚀、磨耗不超限。

(2)转 K2、转 K6 型转向架制动拉杆组装后与制动梁体之间要有间隙(缓解位时)。

(3)检测下拉杆与安全吊的间隙须符合规定(缓解位)。交叉支撑装置与下拉杆的上、下部间隙须符合规定。

(4)制动位时,转 8AG、转 8G、转 8AB、转 8B、转 K2、转 K6 型交叉杆(上部)与闸瓦托间隙不超限。

(5)同一铁路货车两转向架的下拉杆组装后圆销销孔相差不允许超过 1 孔(漏斗车除外);移动杠杆不允许倒向车轴一侧(转 K2、转 K6 型除外);固定杠杆支点要留有调整余量,3 孔者留有 1 孔,其他型要留有 2 孔及以上。制动状态时,各闸瓦要贴靠车轮。

(6)摇枕上拉杆托架及滚套要合格,托架滚轴上的开口销要卷起贴靠滚轴。

14. 检查摇枕的上平面与侧架的间隙须符合规定。

15. 检查转向架下部限界检查须符合规定。

16. 核对“货车检修记录单”,记录与实物应一致,内容齐全。

第二节　制动装置组装

一、制动装置组装

1. 空气制动装置组装

(1)组装前,确认各空气制动零部件检修标记齐全,试验合格。制动阀、制动缸型式匹配,各空气制动配件型式与现车匹配。

(2)空气制动阀、空重车调整阀等安装座更换新品橡胶垫后组装螺栓并紧固。

(3)管系法兰接头组装时应使用 E 型密封圈,均匀紧固;各部吊卡松动时紧固。

(4)除采用自防盗功能以外,制动阀、调整阀等须加装防盗装置。

(5)对制动缸、副风缸、加速缓解风缸、降压气室组装螺栓与螺母等部位进行紧固后,焊固处理。对要求采取加固措施的其他零部件进行焊固处理。

2. 基础制动装置组装

(1)斜向或竖向安装的圆销应由上向下装入,横向安装的圆销应以车体纵向中心线为准,由里向外装入(无安装空间者及有特殊要求的除外);横向或斜向安装的圆销应在开口销与被连接件之间装平垫圈。

(2)手制动轴上、下端及手制动轴链安装螺栓的开口销及各扁开口销安装后须劈开卷起。

(3)圆销或螺栓组装。采用普通开口销组装的须双向劈开，且角度不小于60°。采用止退式开口销组装的，组装后检查引导芯止挡不允许出现断、裂，销体尾部须超过引导芯斜楔端点，引导芯挡片在销体头部自然卷曲一周或者销体头部外端距圆销距离满足相应开口销规格要求。采用扁开口销组装的，组装后检查扁开口销销尾须卷起，并超过圆销杆圆周长度的3/4圈，组装后扁孔圆销的窜动量应为2～10 mm，圆销端部不得与其他零部件干涉，圆销规格可在上下一个规格范围内调整，以保证圆销窜动量。采用拉铆方式组装的，组装后销帽与被连接件密贴时，拉铆销垫环与被连接件的间隙符合要求。

3. 人力制动装置组装

(1)组装前须确认人力制动机检修完毕，试验合格，标记齐全。

(2)人力制动机型式应与原车型式一致，安装时应采用原方式。

二、制动装置组装质量检查

1. 对采取施焊加固措施的零部件，加固部位、加固方式、质量标准要符合规定。

2. 各部圆销及开口销型式须符合规定，圆销规格、位置、方向符合规定。

3. 空气制动装置各零部件组装正位，型式符合规定。

4. 管系螺纹处要使用聚四氟乙烯薄膜，缠绕不得超过螺纹端部。管系吊卡、法兰接头扭力矩符合要求。

5. 人力制动机制动轴链卷入量、NSW(FSW)型手制动机前制动杠杆与手制动拉杆之间链条松余量符合规定。

三、制动装置试验

1. 组装完成后，应采用微控单车试验器进行单车试验。

2. 当1辆车装设2个及以上制动阀时，每个制动阀均须分别进行试验。制动管长度超过24 m的车辆，单车试验方法应按照该车型的技术条件执行。

3. 铁路通用货车单车试验项目主要包括：过球试验、制动管漏泄试验、全车漏泄试验、制动缓解感度试验、制动安定试验、紧急制动试验、120/120-1型制动机加速缓解阀试验、120/120-1型制动机半自动缓解阀试验、闸调器性能试验、空重车自动调整装置性能试验、制动缸推杆人力复位检查。

4. 单车试验是对车辆制动全系统的性能试验，在试验过程中应同时对转向架固定(移动)杠杆、制动梁及闸瓦、基础制动各杠杆及拉杆的作用过程和位置状态进行检查，消除故障。

5. 漏泄试验前应保证车辆处于无风状态，以保证试验时对密封性的检查。

6. 缓解状态进行全车漏泄试验时,制动缸、降压风缸、空重车调整阀及其连接管路处于无风压状态,因此宜在制动状态时对以上部位进行漏泄情况复查。

7. 单车试验过程各工序有其连续性和独立性,例如过球试验、制动管漏泄试验、全车漏泄试验及制动、缓解感度试验等项目均可在落车前进行。

8. 单车试验后,应对人力制动机须进行作用试验。

9. 制动装置检修、试验合格后,须填写"货车检修记录单",并打印"单车试验记录"。

第三节 车钩缓冲装置组装

一、车钩组装

1. 车钩组装前,须清除各零部件表面及腔内的钢丸。各零部件摩擦面间须涂干性润滑脂。13 号、13A 型、13B 型车钩的钩体、钩舌和钩腔内配件材质、型号须匹配。测量钩舌与上钩耳的间隙、钩舌销与钩耳孔或钩舌间隙应符合规定。

2. 对车钩进行三态作用试验

(1)全开试验:在闭锁位时,持续稳定地转动钩提杆的手把(或扳动 16 型车钩下锁销杆),钩舌应达到全开位置。

(2)闭锁试验:在全开位时,持续稳定地推动钩舌鼻部,钩舌应转动到闭锁状态,同时钩锁落到闭锁位置;此时向外扳动钩舌鼻部,钩舌呈牵引状态时,测量钩舌鼻部与钩体正面或钩舌与钩腕内侧距离须符合规定。

(3)开锁试验:在闭锁位时,转动钩提杆的手把(或扳动 16 型车钩下锁销杆),使钩锁坐锁面抬高到钩舌尾部以上。在此过程中钩舌不应转动,钩舌仍处在闭锁位置;当回转钩提杆(或放开 16 型车钩下锁销杆)并落下钩锁时,钩锁应坐在钩舌推铁的锁座面上;此时用手扳动钩舌鼻部,钩舌应能转动到全开位置,钩舌张开最大量时,测量钩舌鼻部与钩腕的内侧距离须符合规定。

3. 对车钩进行防跳性能检查

(1)16 型、17 型车钩闭锁位置时,车钩闭锁显示孔须全部露出。使用"钩锁托具"向上托起钩锁,并使钩锁腿贴靠后壁,测量下锁销顶面与钩锁承台下面的搭接量须符合规定;托起下锁销杆,使下锁销杆的防跳台与钩体的防跳台贴靠,此时向开锁方向转动下锁销,下锁销不得转动,下锁销、钩锁上移不得使车钩开锁。

(2)13 号、13A 型、13B 型车钩闭锁位置时使用"钩锁托具"向上托起钩锁至极限位置,并使钩锁腿贴靠下锁销孔后壁,不得开锁;测量钩锁移动量须符合规定。下作用车钩须有二次防跳性能。

二、车钩缓冲装置组装

1. 13号、13A型、13B型车钩组装时车钩尾部与前从板间、缓冲器或后从板与钩尾框间不得加装工艺垫。钩尾销螺栓须使用材质为20MnTiB、机械性能为8.8级的半圆头专用螺栓。用于13B型铸造钩尾框时，钩尾销螺栓须有开口销安装孔；组装钩尾销防脱装置或钩尾销插托。组装后，将全吊螺母与螺栓、螺母与防护板或钩尾销插托螺栓与螺母点焊牢固。

2. 将16型、17型钩尾框与缓冲器、从板等配件组装在一起；16型转动套半盲孔须朝向钩尾框下部。

3. 车钩缓冲装置组装后，填写检修记录，并将同套车钩的“车钩检修卡”、“钩舌检修卡”、“钩尾框检修卡”、“缓冲器检修卡”同装订在一起。

第七章　整车落成及检查

第一节　整车落成

一、落成前检查

1. 车体及底架

(1)落成前应检查车体、底架及车体附属件，核对各施修部位完工标记和施修状态。

(2)采取加固、防盗措施的零部件，加固部位、加固方式、质量标准应符合规定，见表 7-1。

表 7-1　铁路货车检修加固、防盗零部件明细表

序号	零部件名称	加固部位	加固方式	质量标准	备注
车体					
1	螺栓组装的车顶走板、端走板	螺栓、螺母	点焊	点焊固	
2	下侧门挂环	挂环角部接口	点焊	对接圆周满焊	
3	C_{70} 型车旧型下侧门搭扣扣铁	组装螺栓、螺母	点焊	点焊固	
4	棚车内墙板、内顶板压条	螺栓、螺母	点焊	每根压条上至少 2 条螺栓点焊固	自锁螺母除外
车钩缓冲装置					
5	13 号、13A 型钩尾框钩尾销安全吊装置	安全吊螺栓与螺母	点焊	大于 1/3 圈	
6	13B 型铸造钩尾框钩尾销安全吊装置	安全吊螺母与防护板	点焊	螺母一个平面	
7	13B 型锻造钩尾框钩尾销插托	钩尾销插托组装螺栓与螺母	点焊	大于 1/3 圈	
转向架					
8	转 8A 型下心盘连接螺栓与螺母	啮合部分	锁固剂	锁固	
9	交叉杆	扣板组装螺栓	点焊	焊固	

续上表

序号	零部件名称	加固部位	加固方式	质量标准	备注
制动装置					
10	空重车限压阀防盗	组装螺栓与螺母	点焊	点焊固	
11	制动缸、副风缸、加速缓解风缸、降压气室	组装螺栓与螺母	点焊	点焊固	
落成要求					
12	固定链式人力制动机定滑轮	组装螺栓与螺母	焊固	圆周满焊	
13	人力制动机轴链	眼环螺栓与螺母	焊固	圆周满焊	取消开口销
14	人力制动机滑轮	组装圆销与垫圈	焊固	圆周满焊,垫圈与组装件须有1～3 mm的轴向间隙	取消开口销
15	人力制动机拉杆、拉杆链	组装圆销与垫圈	焊固	圆周满焊,垫圈与组装件须有1～3 mm的轴向间隙	取消开口销
16	人力制动机掣子锤	组装圆销与垫圈	焊固	圆周满焊,垫圈与组装件须有1～3 mm的轴向间隙	取消开口销
17	人力制动机掣子	组装圆销与垫圈	焊固	圆周满焊,垫圈与组装件须有1～3 mm的轴向间隙	取消开口销
18	折叠式人力制动机	折叠处组装圆销与垫圈	焊固	圆周满焊,垫圈与组装件须有1～3 mm的轴向间隙	取消开口销
19	折叠式人力制动机	手轮与制动轴	焊固	圆周满焊	
20	脚踏式制动机、NSW型和FSW型人力制动机	安装螺栓与螺母	焊固	点焊	
21	脱轨自动制动装置	安装座的螺栓与螺母	焊固	点焊	
22	制动阀、安全阀防盗罩	安装螺栓与螺母	焊固	点焊	
23	敞车侧开门	下锁销连杆和座组装圆销与垫圈	焊固	圆周满焊,垫圈与组装件须有1～3 mm的轴向间隙	取消开口销
24	敞车侧开门、下侧门平车端门、侧门	组装圆销与垫圈	焊固	焊波长度超过圆周1/2,重新焊固组装圆销与垫圈时,垫圈与折页座须有3～8 mm的间隙	取消开口销
25	钩提杆提钩链	上、下马蹄环组装圆销与垫圈	焊固	焊波长度超过圆周1/2,垫圈与组装件须有1～3 mm的轴向间隙	取消开口销
26	钩提杆座(采用螺栓组装者)	螺栓	按规定安装背母或弹簧垫圈并焊固	点焊	
长大货物车					
27	心盘防脱销	螺栓与螺母	点焊	紧固后点焊	
28	抗蛇行运动减振器	螺栓与螺母	点焊	紧固后点焊	

(3)罐车水压试验、进气试验,漏斗车的车门开关试验,自翻车倾翻试验,有棚车及押运间漏雨试验等均经过试验并作用良好。

(4)除车辆配置的设备或装置以外,车内杂物均应清除;车门、人孔均应关闭或锁闭,装卸机构应处于关闭状态。

2. 车钩缓冲装置

(1)车钩缓冲装置检修、试验完毕,交验标记齐全完整。

(2)车钩缓冲装置总成与车钩托梁磨耗板、钩尾框托板、钩尾销托板、牵引梁磨耗板等金属部件摩擦面应均匀涂抹润滑脂。

(3)确认缓冲器、钩尾框等配件型号与车钩匹配。13 系列车钩从板与缓冲器之间不得装用工艺垫。

(4)确认车钩、缓冲器型号与现车匹配。

①同一辆车的车钩、缓冲器型号均须一致(特殊设计者除外)。

②原设计装用 C 级钢、E 级钢车钩的铁路货车仍须装用 C 级钢、E 级钢车钩,取消辅修货车须装用 C 级钢或 E 级钢 13 号(13A、13B)型车钩、钩舌、钩尾框,ST 或 MT-3 型缓冲器。X_{6BK} 型集装箱车要装用 MT-3 型缓冲器,装用 13A 或 13B 型下作用车钩组成,13A 或 13B 型钩尾框(E 级钢)。

③规定原装用 ST 型缓冲器的铁路货车可换装 MT-3 型缓冲器,装用 MT-3 型缓冲器时必须配套装用凹槽型冲击座。但是因缓冲器容量、结构的不同,规定原装用 MT-2 型缓冲器的铁路货车仍须装用 MT-2 型缓冲器,原装用 HM-1、HM-2、HN-1 型缓冲器的铁路货车仍须装用 HM-1、HM-2、HN-1 型缓冲器。

④DL_1 型大吨位预制梁运输专用车组两端为 DL_1 型大吨位预制梁运输专用车,装用 17 型车钩、17 型锻造钩尾框、MT-2 型缓冲器。中间车为 DNX_{17K} 型平车-集装箱共用车,装用 13A 或 13B 型下作用车钩、13A 或 13B 型 E 级钢钩尾框、MT-3 型缓冲器。

(5)装用 13 系列车钩的铁路货车如现车车钩托梁、钩尾框托板装用非金属尼龙磨耗板,装用前须确认与车钩型式的匹配:钩体上无金属磨耗板凹槽及金属磨耗板、有金属磨耗板凹槽并带有金属磨耗板的 13B 型车钩,须配套装用符合规定的 13 系列车钩托梁尼龙磨耗板。下部无金属磨耗板的 13B 型钩尾框须配套装用符合规定的非金属钩尾框托板磨耗板,不再焊装金属磨耗板。已焊装金属磨耗板的钩尾框托板,金属磨耗板须切除并加焊挡块,切除时不得伤及钩尾框托板并修磨平整。

(6)装用 16、17 型车钩的铁路货车如现车车钩支撑座、钩尾销托梁装用非金属尼龙磨耗板,装用前须确认与车钩型式的匹配:钩体上无金属磨耗板凹槽及金属磨耗板、有金属磨耗板凹槽并带有金属磨耗板的 17 型车钩，须配套装用符合规定的 16(17)型车钩支撑座和符合规定的 16(17)型车钩支撑座尼龙磨耗板。16 型车钩可配套装用符合规定的 16(17)型车钩支撑座和符合规定的 16(17)型车钩支撑座尼龙磨耗板。配套装用车钩支撑座尼龙磨耗板时，已焊装金属磨耗板的车钩支撑座应进行改造并清除棱角和毛刺。原装用 16(17)型车钩钩尾销托梁尼龙磨耗板者按原形检修，钩尾销托梁上不再焊装金属磨耗板。

3. 转向架

(1)转向架检修后须装回原车，不得互换。

(2)除特殊设计者外，同一辆车装用转向架须为同一型号。

(3)转向架更换时，须符合原设计或改造车型规定。转 8G 型转向架可替换转 8AG 型转向架；转 8B 型转向架可替换转 8AB 型转向架。

(4)同一辆车不得装用异型车轴。

(5)摇枕弹簧、减振弹簧及轴箱弹簧正位，须落入弹簧定位脐及挡边内，不得卡阻。

(6)除另有规定外，装用双作用弹性旁承的铁路货车，同一辆车 4 个弹性旁承组成安装须同侧同向，同一转向架反向。

(7)上心盘、心盘磨耗盘、下心盘须匹配，并须清除下心盘、心盘磨耗盘与上、下旁承磨耗板工作表面上异物，不得涂抹油脂。

4. 制动装置

(1)各基础制动和空气制动配件安装齐全、正位。

(2)制动阀、安全阀、空重车调整阀须安装防盗装置或具备自防盗功能，取消辅修铁路货车须装用 120 型空气制动机、密封式或半密封式制动缸。

(3)装用圆销及开口销符合要求。人力制动机轴上、下端开口销须盘紧，各扁开口销安装后须劈开卷起，并超过圆销杆圆周周长的 3/4。斜向或竖向安装的圆销应由上向下装入，横向安装的圆销应以车体纵向中心线为准，由里向外装入(无安装空间者及有特殊要求的除外)；横向安装的圆销应在开口销与被连接件之间装平垫圈。

(4)阀及缸类零部件安装须正位、牢固。缸与吊座间、制动管与吊座间原设计是木垫者须更换为尼龙垫或短纤维增强橡胶垫；原车装用尼龙垫者须使用尼龙垫。

(5)储风缸采用圆钢 U 形吊和短纤维增强橡胶垫或尼龙垫安装的，须安装背母；采用螺栓安装的，须安装弹簧垫圈。阀类和储风缸安装螺栓应由上向下装入(无安装空间者除外)，在长圆孔侧加平垫圈。

(6)70 t 级铁路货车须装用总长为 795 mm 的编织制动软管总成，并装有软管吊链组成；60 t 级铁路货车须装用总长为 715 mm 的编织制动软管总成；不摘车翻卸的车辆(即装用 16 型车钩)，须装用带外护簧的总长为 980 mm 的编织制动软管总成和球芯直端塞门。

5. 车辆标记

各种车辆标记须按规定涂打齐全、准确、位正、清晰、油漆符合要求，车型、车号等须与标签信息一致。

二、整车落成

1. 根据转向架顺位标记，将有验收合格标记的转向架吊运至相应车端，平稳落放到相应车端轨面上。

2. 操作架车机将车体架起后，转向架推入车体下部，转向架两侧设置止轮器或木掩。

3. 拔出架车机安全销(或撤除铁马)，对准心盘中心销，平稳落下车体，心盘中心销须落入下心盘座孔内，上心盘、心盘磨耗盘应正位、落实。

4. 如心盘中心销与上心盘孔错位时须以专用工具拨正，严禁用手扶心盘销落车。另一端用同样方法落下车体。

5. 落车后检查上、下心盘之间的螺栓与铆钉垂直相对距离，上心盘底座平面与下心盘立棱间距符合要求。

6. 组装上拉杆与移动杠杠连接圆销与开口销、脱轨自动制动装置防脱拉环。

7. 测量车钩高度、车钩上翘与下垂量、同一辆车两车钩中心高度差，超限时须重新架车调整。

8. 检查整车落成旁承间隙，超限时须重新架车调整。

(1)装用双作用弹性下旁承转向架的铁路货车整车落成后上下旁承须接触，上旁承下平面与双作用弹性下旁承滚子(或支撑磨耗板)的间距见表 7-2。

(2)装用转 K4、转 K5 型转向架时，上下旁承须接触，弹性旁承体与旁承体下部间距为(9±1)mm。装用转 E21 型转向架时，弹性旁承体与旁承体下部间距为(6±1)mm。

(3)装用转 8A 型、转 D21 型转向架的铁路货车整车落成后同一转向架左、右旁承间隙之和10～12 mm，且任一侧不小于 4 mm。

(4)装用转 K3 型转向架的铁路货车，整车落成后在车体两心盘处各加载 5 t 或在车体中央加载 10 t 后，上、下旁承不得有间隙，下旁承体下缘与下旁承盒上底面(安装垫板后为垫板上平面)的间隙为 4～8 mm。

表 7-2　上旁承下平面与双作用弹性下旁承滚子(或支撑磨耗板)间距限度表

单位:mm

序号	转向架型号(旁承型号)	上旁承下平面与双作用弹性下旁承滚子(或支撑磨耗板)间距	备注
1	转 8AG、转 8G、转 8AB、转 8B、转 K1、转 K2、转 K6	5±1	
2	转 K2 或转 K6(装用 JC-2)	7±1	GY_{95K}、GY_{95AK}、GY_{95SK}、GY_{100K}、GY_{100SK}等型罐车
3	转 K2 或转 K6(装用 JC-2)	10±1	装用 JSQ_5、JSQ_6、P_{70B}、NX_{70A}、N_{70}、T_{13}等型铁路货车
4	转 K6	6±1	装用于 X_{4K}型集装箱车,C_{80}、C_{80B}等型铁路货车

三、车钩高度调整方法

1. 影响车钩高度的因素

(1)中梁、牵引梁变形的影响。车辆经过长期运用,中梁中部和两端将会产生下垂变形,其两端下垂变形对车钩高度有影响。

(2)两转向架下心盘上平面高度差的影响。如果两转向架下心盘上平面存在高度差时,引起一端车钩高度降低、另一端车钩高度升高。

(3)车轮踏面磨耗的影响。踏面磨耗可引起车钩降低。

(4)上下心盘磨耗的影响。

(5)其他因素的影响。除上述因素影响车钩高度外,还有承载鞍或摇枕弹簧磨耗和永久变形、摇枕斜楔摩擦面磨耗、侧架承载鞍支撑面磨耗等零部件磨耗、车辆所承受的垂向载荷的大小等。

2. 车钩高度的常用调整方法

(1)调整心盘垫板厚度

段修时,侧架、摇枕、枕弹簧、承载鞍、斜楔等如未更换,原车原位装用,在计划车钩高度时,一般不考虑它们的影响因素。在计算心盘垫板厚度时,先确定车钩托梁装用状态(车钩托梁凸台朝上或朝下),根据收入轮对和支出轮对的轮径,原心盘垫板厚度,确定装用心盘垫板的厚度。当概算的心盘垫板总厚度超限、旁承间隙可能超出可调整范围的情况下,须重新选用轮对。概算的心盘垫板装用落车后,车钩高度未达到规定的限度时,可采用翻转钩体托梁、调整车钩托梁垫板厚度、车钩托梁加垫板以及变换钩尾框托板磨耗板厚度等方法进行微调。

调整心盘垫板前先预先测量 1、2 位车钩高度 AA_1 及 BB_1 和收入轮对的轮径值，在收入轮对与支出轮对的轮径值相同的情况如图 7-1 所示计算垫板厚度，确定调整后车钩高度 AA_2 和 BB_2。如支出轮对的轮径值大于收入轮对的轮径值，则应将车钩原始高度值 AA_1 及 BB_1 增加支出轮对与收入轮对轮径差的一半值；反之减少相同数值。

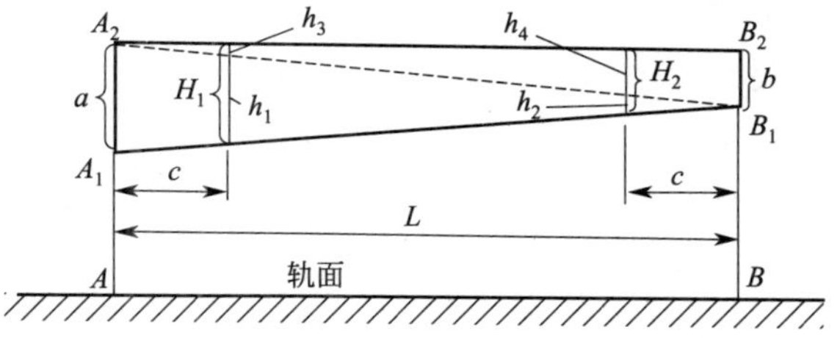

$h_1=(L-c)/L\times a$；$h_2=c/L\times a$；$h_3=c/L\times b$；$h_4=(L-c)/L\times b$；

$H_1=h_1+h_3=(L-c)/L\times a+c/L\times b$；$H_2=h_2+h_4=c/L\times a+(L-c)/L\times b$

图 7-1　心盘加垫厚度计算简图

对每一种车辆，全长 L、心盘中心到钩舌面的距离 c 都是已知的定数，1、2 位车钩需要调整的高度 a、b 也可以从现车高度和预订调整的高度求出，那么，心盘垫板的厚度 h_1 及 h_2 可以用以上的公式算出。现场为了使用方便，往往将各种车辆的调整量，汇制成“车钩高度调整表”以便查阅。

确定心盘垫板厚度可采用简便概算方法：即概算的心盘垫板厚度＝原心盘垫板厚度＋钩高差值＋轮径差值的半数－翻转活动式车钩托梁的调整值（一般原车车钩托梁凸台向下落成翻转向上时取 10 mm，原车车钩托梁凸台向上落成翻转向下时取－10 mm，不翻转时为 0）。

（2）调整车钩托梁垫板（或车钩支撑座磨耗板）厚度

加装车钩托梁垫板也是调整车钩高度和车钩水平度的方法之一，但此项方法宜在加装心盘后采用。根据车钩缓冲装置的结构，可得出变动车钩托梁垫板厚度与车钩高、车钩水平变动量关系示意图，如图 7-2 所示。

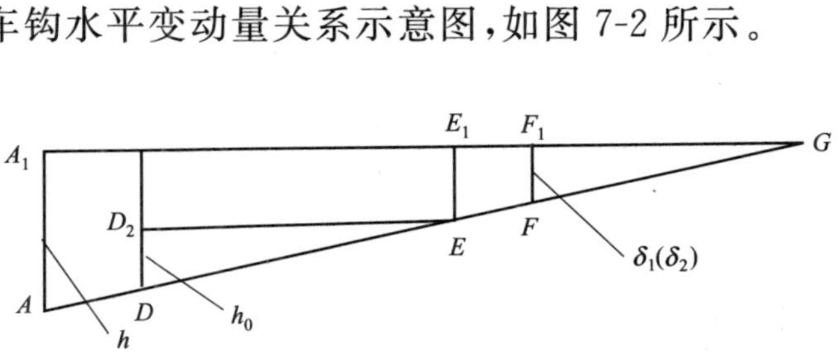

图 7-2　车钩加垫厚度计算简图

由相似三角形的关系可得：

$$\delta_1=FG/AG\times h；\delta_2=FG/DE\times h_0$$

式中　δ_1——提高车钩高度加装车钩托梁垫板厚度；

δ_2——提高车钩水平度加装车钩托梁垫板厚度；

FG——车钩托梁垫板中心 F 点至钩尾销孔 G 点之间距离(约 376.5 mm)；

AG——车钩外侧面 A 点至钩尾销中心 G 点之间距离(约 957.5 mm)；

DE——车钩下垂测量点 D、E 之间的距离(430 mm)；

h——车钩需要调高量；

h_0——车钩下垂预测值。

将上述两式所得的数值，采用加权平均法，得数作为实际需要加装车钩托梁垫板厚度 δ，即：

$$\delta=(\delta_1+\delta_2)/2=(FG/AG\times h+FG/DE\times h_0)/2\approx 0.20\,h+0.44h_0$$

根据车钩高预测值和车钩下垂预测值，按上述公式计算可得需加车钩托梁垫板厚度，可以列表以备现场使用方便。70 t 级铁路货车装用 17 型车钩时可按同样原理调整支撑座磨耗板厚度。

(3)调整钩尾框托板厚度

一般情况下，通过加装心盘垫和车钩托梁垫板的方法，能将车钩高和车钩水平调整到技术要求范围内。但有时为了解决转向架上部与车底下部各零件的垂直距离过小而额外增厚心盘垫，或计算得出的心盘垫厚度已超过允许厚度，而心盘垫只能按规定加装。此时再加装车钩托梁垫板可能造成车钩过高或车钩上翘过限。遇有上述情况时，就需要通过变换钩尾框托板厚度来解决。钩尾框托板在车钩缓冲装置安装时已装上。为便于换装，宜先装厚 3 mm 的钩尾框托板。

根据车钩缓冲装置结构，可得出变换钩尾框托板厚度与车钩高和车钩水平变动量关系示意图，如图 7-3 所示。

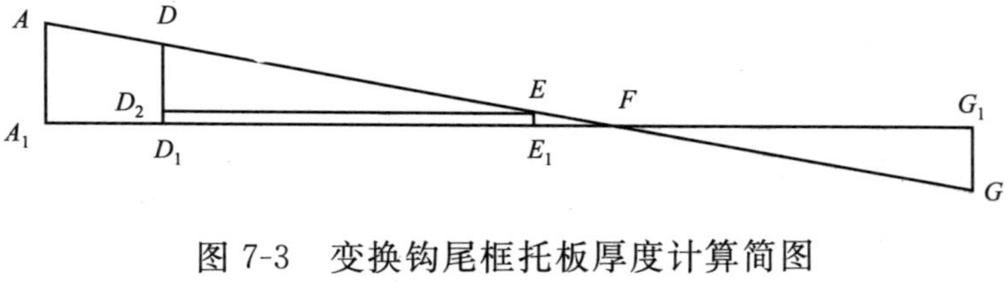

图 7-3　变换钩尾框托板厚度计算简图

由相似三角形关系可得：

$$AA_1=AF/FG\times GG_1\approx 1.5GG_1；DD_2=DE/FG\times GG_1\approx 1.1GG_1$$

式中　AF——钩舌外侧面 A 点至车钩垫中心 F 点之间距离(581 mm)；

DE——钩舌下垂测量点 D、E 之间的距离(430 mm)；

FG——车钩垫中 F 点至钩尾销中心 G 点之间距离；

GG_1——钩尾框托板变动值；

AA_1——车钩高变动值；

DD_1——车钩水平变动值。

由上式可知，当钩尾框托板加厚 1 mm，车钩高下降 1.5 mm，车钩下垂扩大或车钩上翘缩小 1.1 mm，根据上述公式，可分析判断变换钩尾框托板厚度，使钩高和钩水平调整到技术要求范围内。在实际调整钩高过程中，为了便于现场实际操作，往往利用上述公式，将各型号的车辆按调整量计算好，汇成车钩高度调整表，用时查阅即可。

四、JC 系列弹性旁承落成间隙调整方法

1. 检修铁路货车在转向架下旁承垫板总厚度小于 30 mm，且转向架下旁承磨耗板上平面与下心盘上平面垂直距离(不含心盘磨耗盘，下同)符合规定的标准值时，上心盘下平面到上旁承下平面垂直距离宜调整至规定的标准值，再通过调整下旁承垫板厚度使旁承间隙符合规定。

2. 当按上条要求调整转向架下旁承调整垫板厚度达到最大值 30 mm，旁承间隙仍超上限时，应在上旁承增加实测旁承间隙与规定旁承间隙差值相接近厚度的上旁承垫板，再重新调整下旁承垫板使旁承间隙符合规定。

3. 检修铁路货车在转向架下旁承调整垫板厚度达到 30 mm 下旁承磨耗板上平面与下心盘上平面垂直距离仍不能满足规定的标准值时，以下旁承磨耗板上平面至下心盘上平面垂直距离与标准值的差值选择厚度接近的上旁承调整板对上旁承进行调整，再通过调整下旁承垫板厚度使旁承间隙符合规定。

4. 整车落成调整完成后，转向架下旁承调整垫板总厚架下旁承调整垫板总厚度不得大于 30 mm。

第二节 落成状态检查

一、车钩缓冲装置检查

1. 钩尾销托梁、安全托板、钩尾框托板安装螺栓须采用防松螺母并加装开口销，并须配套使用强度满足 GB 3098.1 规定的 10.9 级，精度等级符合 GB 9145 标准 6g 要求的螺栓，螺栓头部须有 10.9 级标记。装用 BY-B 型防松螺母时，须安装重型弹簧垫圈，扭力矩符合规定。

2. 车钩托梁采用 M22 螺栓者须安装背母和 $\phi5$ mm 开口销，开口销须卷起。16、17 型车钩弹性支撑装置故障时分解，分解检修后，组装止挡铁原为

拉铆结构者仍须采用拉铆结构。

3. 安装完毕后，16 型、17 型车钩钩提杆复位弹簧靠近端梁非工作部位须对折钎焊。装用下作用车钩时须装用车钩防跳插销。

4. 从板或缓冲器与前、后从板座工作面，钩身与车钩托梁或支撑座，钩尾框与钩尾框托板须接触。车钩两侧严禁碰撞冲击座内侧(缓冲器缩短销未断者除外)。

5. 13 系列车钩检测并控制的要素：车钩高度检查及互高差、钩尾端面与从板的间隙，车钩钩肩与冲击座间距，钩身上部与冲击座间隙，上作用车钩钩提杆左、右横动量，上作用车钩装用钥匙孔型钩提杆座时钩提杆扁平部位在钩提杆座处每侧长度，下作用车钩钩提杆扁平部位在钩提杆座处每侧长度，上作用车钩提钩链松余量，下作用车钩钩提杆扁平部位与钩提杆座间隙，下作用钩提杆弯曲部位与人力制动机轴托上、下部和水平距离等。

6. 16、17 型车钩须检测并控制要素：车钩钩肩与冲击座间距，车钩钩提杆扁平部位在钩提杆座处每侧长度，钩提杆弯曲部位与人力制动机定滑轮座轴托上、下部和水平距离，16 型车钩弹性支承托板上平面(不含磨耗板)至冲击座上口的距离，钩身上部与冲击座(*A* 部)间隙，车钩支撑座与冲击座(*B* 部)间隙(如图 7-4 所示)，支撑弹簧座腔顶部至支撑托板下平面的距离，车钩支撑座左右横向移动量等。

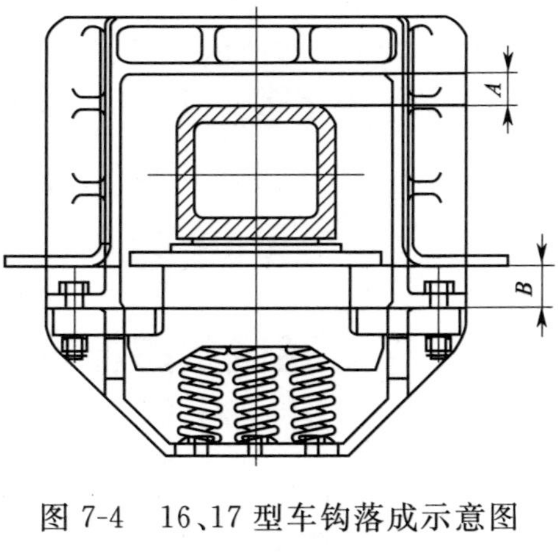

图 7-4　16、17 型车钩落成示意图

7. 确认车钩高度、车钩上翘与下垂量及同一辆车两车钩中心高度差不超限。

8. 车辆落成后确认车钩三态作用良好、开闭灵活。

(1)开锁位置：在闭锁位时轻轻提起钩提杆，使锁销离开防脱(跳)位置，将钩锁提起，使钩锁脚支在锁座上，放下钩提杆，钩锁仍未落下，钩舌也未移动，车钩处于开锁位置,此时将钩舌稍稍往外一拉,钩舌要能立即张开。

(2)全开位置:在闭锁位置或全开位置持续扳动钩提杆至极限位置,钩舌绕钩舌销转动打开,于全开位置。

(3)闭锁位置:在全开位置时,将钩舌慢慢地向钩口里推动,钩锁以自身重量落于钩舌尾部与钩头侧壁之间,此时锁铁处于最低位置,锁铁后侧的中部台阶坐落在钩舌推铁坐锁面上,钩舌尾部受锁铁阻挡,而锁铁的另一侧受钩腔内壁阻挡,钩舌被锁住不得转动,使钩舌不能张开,车钩处于闭锁位置。闭锁位置时,钩提杆扁平部位须能自由落入钩提杆座的扁孔内,并检查其间隙不大于 3 mm。16 型、17 型车钩闭锁位下锁销杆显示孔须整体可见。

(4) 16 型车钩须进行转动试验,转动角不小于 180°,双向往复 2 次、360°转动 1 次,转动须灵活,不得有卡阻、异音。

二、转向架检查

1. 转 8AG、转 8G 型、转 8AB、转 8B 型斜楔的弹簧支承面不得高于摇枕的弹簧支承面。转 8A 型承载斜楔的弹簧支撑面须低于摇枕弹簧支撑面 1～6 mm。

2. 斜楔主摩擦面与侧架立柱磨耗板须接触良好,严禁有垂直方向的贯通间隙,局部间隙不超限。

3. 转 K4 型、转 K5 型转向架斜楔上移量不超限,超限时须更换斜楔主摩擦板。

4. 转向架其他簧下配件与底架相对部位的垂直距离不超限。

5. 转 K2 型整体式斜楔主摩擦面磨耗限度高度标记为 19.1 mm,空车状态下超出摇枕上平面时,须将斜楔、侧架立柱磨耗板和摇枕斜楔摩擦面磨耗板或分离式斜楔插板成套更换。

6. 确认整车落成旁承间隙符合要求。

三、制动装置检查

1. 同一车辆上装用的制动梁型式须一致,装用的闸瓦型式须一致。

2. 横跨梁垫板数量、位置及总厚度,横跨梁组装螺栓垂直移动量及调整垫圈数量,测重机构触头中心与触板相对位置,横跨梁与转向架移动杠杆及上拉杆的距离,空车状态下横跨梁与车体枕梁下盖板的距离须符合要求。

3. 编织制动软管总成与软管吊链组成连接后,软管连接器的最下端距轨面的距离不小于 120 mm。

4. 人力制动机状态检查:

(1)拉杆及托与摇枕、固定支点、牵引梁间须有间隙。

(2)对人力制动机进行作用试验。制动状态时,链式手制动装置手制动轴链卷入量为0.5～2圈,脚踏式制动机链卷入量为0.5～1圈。装用FSW型或NSW型手制动机的车辆空车全缓解位时,前制动杠杆与手制动拉杆之间链条的松余量不小于30 mm。

(3)制动机缓解时各闸瓦不得抱紧车轮。

5. 制动装置各塞门处于开通位,单车试验结果符合规定。

6. 脱轨自动制动装置应根据转向架型别组装,见表7-3。调整拉环、顶梁与车轴的位置尺寸须符合表7-4要求,不符时调整,测量位置如图7-5所示。

(a) ΔX的检测示意

(b) ΔY_1的检测示意

(c) ΔY_2的检测示意

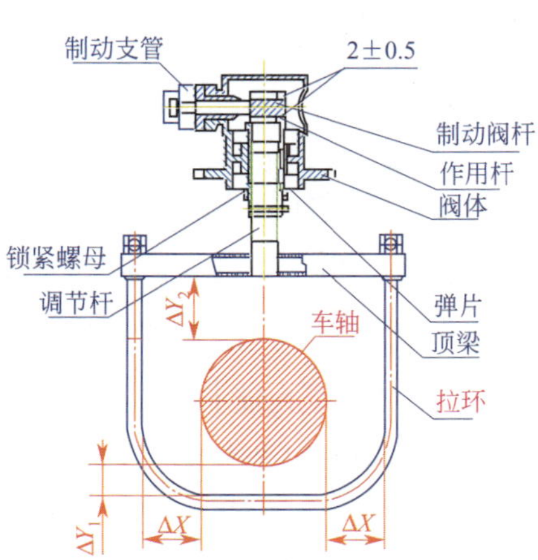

图7-5　拉环、顶梁与车轴的位置尺寸检测示意图

表 7-3　脱轨制动阀、顶梁组成及拉环组装对应的转向架型别表

单位：mm

脱轨制动阀型别	顶梁组成型别	拉环型别	拉环颜色	拉环销孔距底部钢管内侧高度	适用转向架型别	备注
（Ⅰ）	（Ⅰ）	（Ⅰ）	黑色	341	转 8 系列、转 K2	
（Ⅱ）	（Ⅱ）	（Ⅱ）	黄色	366	转 K4、转 K5、转 K6	
（Ⅲ）	（Ⅲ）	（Ⅲ）	红色	331	转 K2(抽簧)	JSQ_5 等型货车

表 7-4　ΔX、ΔY_2、ΔY_1 取值范围　　单位：mm

转向架型号	转 8 系列、转 K2	转 K4	转 K5、转 K6	转 K2(JSQ_5)	转 K6(JSQ_6)
ΔX	80±10	80±10	75±10	80±10	75±10
ΔY_2	85±2	105±2	100±2	80±2	75±2
ΔY_1	40^{+3}_{-5}	45^{+3}_{-5}	40^{+3}_{-5}	40^{+3}_{-5}	40^{+3}_{-5}

四、限界检查

1. 检查车辆限界须符合《铁路技术管理规程》规定。重新调整旁承间隙或车钩高度后必须重新检查各部落成状态，并重新调整拉环、顶梁与车轴的位置尺寸。

2. 确认车体、底架及附属件的施修状态，重点检查同一端梁上平面与轨面的垂直距离左右差、脚蹬下平面至轨面的垂直距离、下作用车钩钩提杆手把下端面至钢轨上平面的距离、罐车排油管盖、链放下后距轨面垂直距离等，超限时返修。

五、落成交验

由工作者、工长、质检员逐级进行落成状态检查，合格后并向验收员交付，填写“货车检修记录单”；检验合格后填发“车辆修竣通知单”，返修时填发“车辆返修通知单”。

第八章　铁路货车检修质量控制

质量控制的目的是使铁路货车检修的工艺文件得以有效实施，使检修质量满足最终质量要求。按照铁路货车检修产品形成过程，质量控制分为以下四个阶段：

1. 工艺阶段：在制定工艺文件时，要充分考虑质量控制的项点，预防不合格；

2. 质量监控阶段：在铁路货车检修过程中，采取管理手段对过程进行监控，消除不合格；

3. 产品检验阶段：通过采取全数检验或批量验收的方法，终止不合格，并制定纠正措施；

4. 事后追踪阶段：对不合格产生的后果进行追踪与溯源，制定预防措施，预防不合格。

按照以上这四个阶段，质量控制包括了质量控制体系文件、现场质量管理与质量控制、产品检验、质量评估。

第一节　质量管理体系文件

质量管理体系文件是指导铁路货车检修作业，规范质量管理的与质量控制的指导性文件。质量管理体系文件一般以国际标准 ISO 9001 质量管理体系为构架，结合铁路货车检修行业特点及企业内部组织结构，制定铁路货车检修的质量管理体系文件。质量管理体系文件的制定应遵循以铁路货车检修的质量目标为关注焦点，体现决策层的作用和全员参与的特点，采用系统的管理方法对铁路货车检修全过程进行质量控制，定期对质量管理体系进行评价并形成持续改进的循环机制。

一、管理职责

管理职责是确定各部门及决策层的职责、权限及内部关系的质量体系文件，应覆盖质量管理与质量控制的全过程，一般在“管理细则”、“质量手册”、

“车间（部门）管理细则”中得以体现。应包括以下内容。

1. 决策层的分工、职责、权限及相互沟通关系。

2. 各部门职责、权限、隶属关系及相互沟通关系。

3. 管理程序文件或管理标准。

4. 管理人员的工作标准。

二、作业指导书

作业指导书是指导操作者正确进行作业的文件。广义的作业指导书包括两部分，一是指导操作者对工作物按照规定的顺序进行作业的过程，一般称为作业指导书或工艺卡片；二是指导操作者对设备进行正确使用与保养的操作过程，一般称为操作规程；作业指导书应覆盖工艺流程中的每个步骤。

1. 作业指导书示例

<table>
<tr><td>×××车辆段</td><td colspan="3" rowspan="2">×××作业指导书</td><td colspan="3" rowspan="2">编号:×××</td></tr>
<tr><td>××××车间</td></tr>
<tr><td>作业地点</td><td colspan="3"></td><td>任职条件</td><td colspan="2"></td></tr>
<tr><td rowspan="2">环境要求</td><td colspan="3" rowspan="2"></td><td>岗位人数</td><td colspan="2"></td></tr>
<tr><td>上道工序</td><td colspan="2"></td></tr>
<tr><td>工步</td><td>作业内容及技术要求</td><td>工装设备及量具</td><td colspan="3">作业图示</td><td>材料及其他</td></tr>
<tr><td></td><td></td><td></td><td colspan="3"></td><td></td></tr>
<tr><td></td><td></td><td></td><td colspan="3"></td><td></td></tr>
<tr><td></td><td></td><td></td><td colspan="3"></td><td></td></tr>
</table>

2. 作业指导书的内容

(1)作业地点:限定的作业区域。超出限定的区域,会使工序控制及过程检查失去作用,设备的不符合也会造成产品的不合格。

(2)环境要求:对温度、湿度、落尘量、通风等作业环境的要求。

(3)任职条件:对工种、等级的要求及人员资格的要求;可以是单工种,也可以是多工种。

(4)岗位人数:完成作业指导书规定的作业配备的最少人数;配备的人数不但要满足规定的作业范围要求,同时应满足安全操作的要求。

(5)上道工序:工艺流程中的上道工序,也是工作物的来源工序。对于非上道工序来源的工作物要进行识别,并按照相应的规定进行例外处置。

(6)工步:作业时的先后顺序。应按照安全、方便、快捷的原则规定工步,应体现对上道工序的控制及对下道工序的交付。

(7)作业内容及技术要求:每个工步需要做哪些工作及达到的质量标准;应体现对工作物的检修、记录填写、信息传递的要求。

(8)工装设备及量具:每个工步使用的设备、工具、卡具、量具的名称。

(9)作业图示:作业中重要的检测图示、装配图样、焊接图样等,是作业内容及技术要求的补充,应体现准确、直观、易操作。

(10)材料及其他:工步中使用的材料名称及规格,有时作为备注项标明一些作业中的特殊要求。

三、质量检验制度

产品质量检验制度,是指按照特定的标准、方法和程序,对产品质量进行检测,以判明产品是否符合国家产品质量标准、行业标准及相关法律法规。在铁路货车检修过程中,产品质量检验的主体是企业,并由企业制定质量检验制度。

1. 质量检验制度应包括以下内容:

(1)检验程序。包括:检验的标准及依据、检验的范围、检验人员的职责、检验的程序。

(2)检验制度。包括:预检制度或入厂(段)鉴定制度、会检制度、中间检查或分解鉴定制度、落成交验制度、原材料入库检验制度、首件检验制度、探伤及监视设备校验制度、主要领导交验制度。

(3)检验管理。包括:检验标识、不合格品的控制、废品鉴定与销毁、厂(段)验会议制度。

(4)质量控制与考核。包括:不合格统计、质量考核、责任追究。

2. 质量检验的职能应体现在以下三个方面:

(1)把关职能。根据技术标准和规范要求,对原材料、辅助材料、在制品、半成品、产成品和设备,工装等进行多层次的检验和试验,以免将不合格品投入生产或转入下道工序或出厂(段),做到不合格的原材料不使用,不合格的半成品不转序,不合格成品不出厂(段),起到“把关”的作用。

(2)预防职能。预防和减少不合格品,这种职能可以通过以下方式得以实现:

a. 首件检验和关键过程的控制;

b. 进货检验、中间检查、落成检验;

c. 责任追究。

(3)报告职能。报告职能也就是信息反馈的职能,通过对质量检验中获取的原始数据进行分析,评价产品的实际质量水平,以报告的形式反馈给相关管理部门及决策层，以便做出正确的判断和采取有效的决策措施。报告职能为提高职工素质、改进工艺、加强管理、提高质量提供必要的信息。

四、质量记录管理制度

质量记录是铁路货车及零部件质量符合要求的客观证据。因此，对质量记录的范围、类别及管理程序应进行规范，制定质量记录管理制度。

1. 质量记录的范围

(1)产品质量记录，即铁路货车检修记录。包括检修规程、规则规定的各种记录。

(2)质量管理体系运行记录，即与产品形成过程有关的管理记录。包括质量审核、质量统计与质量评估、人员培训、纠正与预防措施实施、设备运行、量具检定等记录。

2. 质量记录的类型

包括纸张记录、电子记录和影像记录。其中电子记录包含了 HMIS 记录和微控设备中存储的记录。影像记录是最近几年发展起来的一种记录形式，主要用于记录主要零部件的装配质量及铁路货车主要部位检修质量，提供直接的检修质量证据。因此，应将纸张记录、电子记录和影像记录同时纳入记录管理范围。

3. 检修记录的管理

检修记录应实现档案化管理，一车一档。各单位应设置检修记录存放室，配备记录查询室及 HMIS 查询系统，存放室设专职管理人员进行管理。各单位须建立检修记录专项管理制度，明确交接、收档、借用、销毁程序和日常管理要求。检修记录应归类装订和存放。每季度按照管理期限清理过期记录，过期的记录销毁必须由专人核对查实，经主管人员签字确认。

4. 纸张记录的填写要求

(1)质量记录填写要清楚，字迹要清晰，不得使用铅笔填写，不得随意更改。

(2)填写质量记录内容要求真实、完整。

(3)记录完毕后，责任人应签名，签名时须填写全名。

(4)记录的表格上所有须填的栏目，均应进行相应填写，若有不适用的栏目应加划斜线。

5. 记录的保管期限

在检修规程、规则中均有详细的规定，一般为检修质量保证期加上 1 年。

五、纠正及预防措施

纠正措施是为消除已发现的不符合或其他不期望情况的原因所采取的措

施。一个不符合可能有若干个原因，采取纠正措施就是要找出问题的原因，消除原因，防止再发生。预防措施就是问题还没有发生而做出的一些应急制度来防止问题的发生。由于纠正及预防措施具有不断提高产品质量，形成持续改进循环机制的作用，因此应制定纠正与预防措施管理制度。

纠正与预防措施管理制度应规定何时采取措施、采取措施的内容、负责人、关联单位、要达到的效果、预期完成时间、验证人、关闭时间等。

第二节　现场质量管理与质量控制

现场质量管理与质量控制是质量管理人员、操作者行使对产品形成过程的质量管理与质量控制的职能。包括：原材料入库检验、过程检查、不合格及不合格品控制、质量记录确认、质量体系文件适用性反馈等。

一、原材料入库检验

入库检验是从源头上预防质量问题的发生，对采购的原材料依据质量检验制度进行入库检验。入库检验的一般程序是：

1. 由采购部门进行将采购的原材料放置在待检区，并向质量管理部门进行入库检验申报。

2. 由质量管理部门对采购凭证进行审核，审核合格同意检验。

3. 由质量管理部门召集库管员、使用部门代表、质量检查员、验收员对原材料进行检验，并填写检验报告，判断接收、部分接收或拒收。

4. 采购部门将原材料按照检验结果分类存放，对拒收品进行处置。

5. 对于批量不合格原材料信息向关联部门及上级部门反馈。

二、过程检查

过程检查是消除质量缺陷的重要手段。过程检查包括以下职能：

1. 对零部件进行中间检查，发现缺陷并验证缺陷消除情况；

2. 对使用监视设备的关键过程进行确认，包括探伤设备、检测设备的校验；

3. 检查工艺实施情况。

三、不合格及不合格品控制

不合格是指工艺过程的不合格，会造成产品不合格或隐含的产品不合格；不合格品是指单件或批量的零部件的不合格。

1. 不合格及不合格品控制措施

(1)对过程不合格应及时向管理人员反馈，查找原因并采取纠正或预防措施，并追究责任；如果是体系文件漏洞造成的不合格，应及时对文件进行修订。在不合格未纠正之前，除非有例外的全数检验，不得继续生产。

(2)对检修过程的零部件要按照待检修、合格品、不合格品(包括废品、返修品)进行分类，在物理上进行隔离，并有明显的区域标识，零部件上也要有明显的区分标记，记录上有处置的标记，防止不合格品、在修品误用。

2. 对不合格品及不合格施行“三不放过”原则

(1)不查清不合格的原因不放过。查不清不合格原因，就无法进行预防和纠正，不能防止再发生。

(2)不查清责任者不放过。这样做不仅是为了惩罚，主要是为了预防，提醒责任者提高素质，改善工作方法和态度，保证产品质量。

(3)不落实改进的措施不放过。出现不合格或不合格品时，无论是查清原因还是惩罚责任者，最终目的是落实改进措施。

四、质量记录确认

质量记录是工艺过程的质量证据。在每个零部件检修后，操作者及质量检查人员将记录与实物进行核对，只有项目符合时才代表零部件的质量符合工艺要求，工艺过程才能够封闭，并对质量记录进行保管。

五、质量体系文件适用性的反馈

在实施工艺过程中，操作者、质量检验人员、质量管理人员对质量体系文件的适用性与符合性均有反馈的权利与义务，以便文件管理部门对质量体系文件进行更改与优化。任何已知文件错误并恶意执行错误内容的行为，应进行追责。

第三节　产 品 检 验

产品检验是铁路货车检修过程中，由操作者、现场质量控制人员、现场质量管理人员、验收人员依据产品检验制度，共同对产品形成的主要过程实施确认，对产品施行全数或抽样检验的过程。检验的过程是在内部检查合格的基础上，由安全质量监督管理办公室代表铁道部进行产品接收的方式进行产品检查与验收；检验标准依据铁道部公布的有关铁路货车检修的铁标、规程、规则、部令、技术条件、图样及相关文件。产品检验中，应施行以下制度。

一、“三检一验”制度

“三检一验”制度就是工作者的自检、上道工序与下到工序的互检及工长的复检、质量检查人员的专检、验收人员接收。铁路货车检修施行工作者、工长、检查员、验收员逐级检查交验的检验制度。

1. 自检

自检就是工作者对于自己检修的零部件，按照作业指导书规定的质量标准、特性进行检查，并做出合格的判定。这种检查方法体现了工作者对必须对自己检修的零部件进行质量负责，通过自我检查发现问题并采取措施，是全员参与质量控制的一种重要方法。

2. 互检

互检就是工作者相互之间的检查，互检包括：下道工序对上道工序的检查，工长对关键工序的复检或对过程的抽检。这种检查方法不仅有利于提高产品质量，而且有利于提高班组内部团队协作，整体提高班组检修质量。

3. 专检

专检是由专业质量检查员对零部件进行检查。专检是专业化质量检查，符合大规模密集作业的特点。从事专检的人员须经过专业培训，并施行上岗证制度；专检的人员要保持相对稳定。

4. 验收

由安全质量监督管理办公室代表铁道部进行产品接收。验收分为批量检验与全数检验两种方法。

二、签名检验制度

签名检验制度是一种重要的质量责任制度，在铁路货车检修过程中，从原材料的入库检验、到整车验收的全过程，任何一种检查、修理、装配的过程，包括检验与交接、存放与运输，工作者及检验人员都应在质量记录上签名确认。

三、质量统计与分析制度

质量统计和分析是质量报告和信息反馈的基础，也是进行质量考核的依据。质量管理部门应定期发布质量检验数据及不合格报告，一般以月度、季度报告进行发布，为改进工艺、提高质量管理水平提供依据。质量报告一般包含以下内容：

(1)一次交验合格率的信息发布；

(2)不合格品的统计与分类；

(3)过程不合格的个案；

(4)对不合格或不合格品的处置；

(5)对不合格或不合格品的惩罚；

(6)产品质量问题的倾向；

(7)预防或纠正措施的建议。

第四节　质量评估与质量追溯

一、质量评估

质量评估是对零部件或整车进行质量评定，对检修质量进行判定的过程，发现铁路货车检修过程中在管理上不足与质量上的缺陷，对产品质量进行定性及定量评价，针对问题制定预防、纠正措施，改进工艺、完善质量管理手段。质量评估可采用以下方法：

1. 扣车质量鉴定；

2. 落成车质量鉴定；

3. 配件质量鉴定；

4. 用户调查；

5. 整车或配件检修过程写实。

二、质量追溯

质量追溯就是铁路货车检修过程中，每完成一个工序或一项工作，都要记录检修、检查结果，记录工作者及检验者的姓名、时间，在产品的适当部位做出相应的检查标识。做到分工明确、责任落实到具体人，增强工作者及检验人员的责任意识。

1. 质量追溯的管理方法

(1)以零部件的制造标记区分责任，将零部件或整车的制造信息填入检修记录。

(2)以零部件的检修标记区分责任，将零部件或整车检修的信息填入检修记录。

(3)以批次或班次进行管理。对于无制造标记或检修编号的零部件，按照班次或批次，以日期、号段区分责任。

2. 质量追溯的实施

按照质量责任制追究工作者、检验人员、管理人员责任。

(1)对于个案责任，进行车辆回送修理、委托修理。

(2)对于批量责任，施行召回制度。